Helmut Zell

Elektroautos, Strom und CO2-Emissionen

So rechnet man richtig

10.10.2024

ISBN: 978-3-7597-3021-3

Verlag: BoD · Books on Demand GmbH, In de Tarpen 42,
22848 Norderstedt
Druck: Libri Plureos GmbH, Friedensallee 273, 22763 Hamburg

Dr. Helmut Zell
Frongasse 7
53424 Remagen
www.auto-exit.de

Inhaltsverzeichnis

1 Klimafreundliche Mobilität. Geht das?

1.1 Wie klimafreundlich ist das E-Auto?

Gegenwärtig verpesten weltweit mehr als 1,3 Milliarden Pkw mit ihren Abgasen die Atmosphäre des Planeten. Allein in Deutschland emittieren rund 49 Millionen Pkw jährlich über 120 Millionen Tonnen CO2. Angesichts der bedrohlich zunehmenden Erderwärmung und der nationalen und globalen Umweltprobleme wird immer deutlicher, dass Autos mit Verbrennungsmotoren ein gravierendes Problem für das Klima darstellen.

Welchen Beitrag könnte eine Umstellung von Verbrennern auf E-Autos zur Reduzierung der CO2-Emissionen leisten? Sind E-Autos tatsächlich klimafreundlicher als Verbrenner-Autos? Und wenn ja, unter welchen Bedingungen? Wie lassen sich die CO2-Emissionen messen oder bewerten?

Viele Studien, doch kein einheitliches Ergebnis

Zu diesen Fragen wurden in den vergangenen Jahren zahlreiche Studien erarbeitet. Diese kommen aufgrund unterschiedlicher Annahmen und methodischer Konzepte zu ganz unterschiedlichen Ergebnissen. Viele ermitteln signifikante ökologische Vorteile des E-Auto, wogegen andere meinen, dass E-Autos bei der gegenwärtigen Stromversorgung in Deutschland die CO2-Emissionen nicht mindern können. Gegenwärtig dominieren die E-Auto-Befürworter die Diskussion. Doch ob das E-Auto tatsächlich CO2 reduziert, bleibt umstritten. Das Buch ist der Versuch, diese Frage aus volkswirtschaftlicher Sicht sachlich richtig, verständlich und überzeugend zu klären.

Gegen heftigen Widerstand der Autobauer hat sich nach vielen Jahren heftiger Diskussion das E-Auto als technische Lösung für den motorisierten Individualverkehr durchgesetzt. Heute scheinen die Vorteile des E-Autos allgemeinhin als offensichtlich: Jeder kann weiterhin so viel fahren wie er will, jetzt halt elektrisch, ökologisch verträglich und mit gutem Gewissen. Und der Umstieg wird auch noch staatlich gefördert, weil der Gesetzgeber davon ausgeht, dass Elektrofahrzeuge über den gesamten Produktlebenszyklus klimafreundlicher als Verbrenner sind.[1] Man geht davon aus, dass E-Autos im Vergleich zum Verbrenner bereits beim heutigen Kraftwerksmix effizienter seien und damit zu einer Verringerung des CO2-Ausstoßes beitragen können.[2]

Auch das Bundesministerium für Umwelt, Naturschutz und nukleare Sicherheit (BMU) stützt diese Ansicht. Nach einer ihrer Veröffentlichungen von 2021 liegen die Treibhausgasemissionen eines heutigen Elektrofahrzeugs der Kompaktklasse über den gesamten Lebensweg niedriger als bei vergleichbaren Fahrzeugen mit Verbrennungsmotor. Es erzeuge gegenüber einem Benziner etwa 30 Prozent, gegenüber einem vergleichbaren Diesel etwa 23 Prozent weniger Klimagase.[3]

Auch das österreichische Umweltbundesamt stellt in einem Papier von 2021 fest, dass Elektroautos in allen Größenkategorien der Pkw hinsichtlich des Klimas die Nase vorn haben. Beim E-Auto ergeben sich gegenüber dem Verbrenner CO2-Einsparungen von rund 50 Prozent, wenn der durchschnittliche österreichische Strom zum Einsatz kommt. Sogar 79 Prozent, wenn das E-Auto vollständig mit Erneuerbarer Energie betrieben wird.[4]

Die CO2-Emissionen messen oder berechnen?

Auf der plausibel klingenden Annahme, dass das E-Auto gegenüber dem Verbrenner CO2 einspart, beruht die 2015 formulierte E-Mobilitätsstrategie der Bundesregierung. Jedoch schätzen viele Fachleute die ökologischen Vorteile des E-Autos deutlich skeptischer ein. Sie kritisieren, dass die positiven Einschätzungen der Klimabilanz nur auf der Auswahl günstiger Annahmen und Prognosen beruhen. Unstrittig ist,

---

[1] https://www.bundesregierung.de/breg-de/schwerpunkte/umgang-mit-desinformation/faktencheck-klimakrise-1936176

[2] https://bmdv.bund.de/blaetterkatalog/catalogs/219176/pdf/complete.pdf, Seite 8

[3] BMU: Wie umweltfreundlich sind Elektroautos? Eine ganzheitliche Bilanz, Januar 2021, S. 7

[4] Umweltbundesamt Österreich. Die Ökobilanz von Personenkraftwagen. ..., S. 31, https://www.umweltbundesamt.at/news210427

dass die Emissionen, die bei der Herstellung des Ladestroms der E-Autos entstehen, bei der Klimabilanz des E-Autos berücksichtigt werden müssen. Beim Verbrenner-Auto lassen sich die Abgase und die CO2-Emissionen mittels Sonde am Auspuff noch relativ einfach messen. Dafür gibt es Messvorrichtungen und standardisierte Messverfahren. Dagegen können die CO2-Emissionen der E-Autos nicht direkt gemessen, sondern anhand physikalisch-technischer Daten errechnet werden. Wie die Umstellung auf ein E-Auto auf das Klima wirkt, lässt sich nicht direkt messen, etwa als Veränderung des CO2-Volumenanteils (ppm) in der Erdatmosphäre. Dazu ist ihr Einfluss zu gering. Ein Denkfehler bei der Berechnungsmethode kann deshalb verborgen bleiben.

1.2 Aufbau des Buchs

Das erste Kapitel stellt die zentralen Fragen des Buchs vor: Wie klimafreundlich ist das E-Auto? In welchem Maße werden durch die Umstellung von Verbrenner-Fahrzeugen auf E-Autos die CO2-Emissionen des Individualverkehrs gesenkt? Unter welchen Voraussetzungen hilft das E-Auto die deutschen Klimaziele zu erreichen?

Im zweiten Kapitel geht es darum, wie die CO2-Emissionen beim E-Auto berechnet werden. Zentral ist dabei die Frage, ob der Marginalstrom- oder der Durchschnittsstromansatz das richtige Ergebnis errechnet. Da bei letzterem das E-Auto hinsichtlich Klimaneutralität doppelt so gut wegkommt wie beim Marginalstromansatz, ist es kein Wunder, dass ihn die E-Auto-Befürworter bevorzugen.

Im dritten Kapitel kommen Vertreter beider Positionen mit ihren konträren Aussagen und Zitaten zu Wort.

Im vierten Kapitel werden anhand eines einfachen Strommodells die physikalischen Grundlagen von Strom und Emissionen im Stromnetz vorgestellt. Auf der einen Seite sind die Stromerzeuger (fossile Kraftwerke und Erneuerbare Energien) und auf der anderen Seite die Verbraucher (bisherigen und neue Verbraucher, z.B. E-Auto). Diese Viererstruktur ist Basis für die Berechnung der CO2-Emissionen der E-Autos.

Das fünfte Kapitel präsentiert die Zahlen zur Stromerzeugung und CO2-Emissionen in Deutschland im Zeitraum von 2018 bis 2023. Sie bilden die Grundlage für die Berechnungen in den folgenden Kapiteln.

Das sechste Kapitel berechnet im Szenario 1 ausgehend vom Basisjahr 2022, wie durch den Umstieg von 1 Mio. Verbrennern auf E-Autos in Deutschland die CO2 in 2023 sinken würden. Es wird mit dem Marginalstromansatz gerechnet.

Das siebte Kapitel berechnet im Szenario 2 die CO2-Emissionen für zwei Fälle für den Übergang von 2022 zu 2030.

Das achte Kapitel berechnet in Szenario 3 den Pfad, wie sich die CO2-Emissionen bis zum Jahr 2045 verändern, wenn 50 Mio. Verbrenner durch E-Autos ersetzt werden. Im Jahr 2045 strebt Deutschland Klimaneutralität an.

Das neunte Kapitel behandelt die zukünftige Situation, wenn nicht nur E-Autos, sondern auch Wärmepumpen, Elektrolyseanlagen zur Wasserstoffherstellung und die Industrie einen wachsenden Strombedarf anmelden.

Im zehnten Kapitel geht es um die Folgerungen aus den vorherigen Ausführungen für die Klima- und Verkehrspolitik. Die Umstellung vom Verbrenner zum E-Auto erbringt weniger CO2-Reduktion als oft behauptet. Die Klimaziele werden nur erreicht werden können, wenn es gelingt, den Strom aus Erneuerbaren Energien massiv zu steigern. Ebenso wird die Effizienz der Energienutzung erheblich verbessert werden müssen.

1.3 Für wen ist das Buch nützlich?

Das Buch legt besonderen Wert auf die Verständlichkeit und Nachvollziehbarkeit der vorgestellten Ausführungen und Argumente. Das Thema wird in den kommenden Jahren für die Diskussion für eine nachhaltige Mobilität und Energiewende relevant bleiben.

Wichtige Zielgruppen:

- Personen, die sich für die Auswirkungen von Techniken auf die CO2-Emissionen und Umwelt interessieren.
- Ingenieure, die sich beruflich mit den technischen und physikalischen Zusammenhängen von Strom und CO2-Emissionen befassen.
- Wirtschaftsexperten, die sich mit der volkswirtschaftlichen Bewertung der E-Mobilität beschäftigen.
- Wissenschaftler, die mit der Methodik von CO2-Berechnungen zu tun haben.
- Politische Entscheidungsträger in der Klima- und Verkehrspolitik, die ein tieferes Verständnis über die Methodik der Berechnung der CO2-Emissionen benötigen.

1. Wie klimafreundlich ist das E-Auto?

2 Die CO2-Emissionen der Stromerzeugung für das E-Auto

2.1 Der CO2-Emissionsfaktor als entscheidende Größe

Der CO2-Emissionsfaktor gibt an, wie viel Gramm CO2 bei der Erzeugung einer kWh Strom entsteht. Seine Größe bestimmt ganz wesentlich, ob das E-Auto gut oder schlecht für die Klimabilanz ist.

In der Werbung für das E-Auto wird gerne der Faktor „0 g CO2/km“ genannt. Die bei der Herstellung des Ladestroms für das E-Auto entstehenden Treibhausgase werden dabei ignoriert.[5] In wissenschaftlicher Hinsicht ist diese Angabe nicht ernst zu nehmen. Für die ökologische Einschätzung des E-Autos werden zwei Größen für den CO2-Emissionsfaktor genannt:

Der Durchschnittsstrom-Ansatz berücksichtigt die durchschnittlichen Emissionen des gesamten Strommixes über einen bestimmten Zeitraum.

Der Marginalstrom-Ansatz betrachtet die Emissionen, die durch den Verbrauch einer zusätzlichen Einheit Strom entstehen.

Für die deutsche Stromversorgung gelten gegenwärtig folgende Werte:

- nach dem Durchschnittsansatz (300 bis 500 g CO2/KWh)
- nach Grenzstrom- oder Marginalansatz (600 bis 1.000 g CO2/KWh)

Bei der Frage, welcher der beiden anzuwenden ist, besteht keine Einigkeit. Die Mobilitätswende der Regierung beruht auf der Annahme, dass der CO2-Emissionsfaktor für den Durchschnittsstrom die realen Emissionen wiedergibt. Damit erscheint das E-Auto in einem guten ökologischen Licht, was die hohen Subventionen für seine Förderung begründet. Manche Wissenschaftler und Institute unterstützen diese

[5] https://de.statista.com/infografik/25742/durchschnittliche-co2-emission-von-pkw-in-deutschland-im-jahr-2020/

Sichtweise, andere vertreten den Marginalstromansatz. Die wissenschaftliche Community ist in dieser Frage gespalten. Man kann keine Einigkeit erzielen. Das ist verwunderlich, da persönliche Einschätzungen bei einer technisch-physikalischen Fragestellung keine Rolle spielen sollten.

2.2 Eine Analogie: Trinkwasser von der Quelle oder aus dem Tiefbrunnen?

Wir nähern uns der Frage nach der richtigen Berechnung der CO2-Emissionen mit einem Gedankenexperiment aus der Wasserwirtschaft: Wir stellen uns vor, es gäbe zwei Wasserwerke A und B, die Wasser in ein gemeinsames Trinkwassernetz einspeisen. Jedes Wasserwerk liefere 500 m^3 pro Tag an die Verbrauchergruppe K, also insgesamt 1.000 m^3. Wasserwerk A entnimmt das Wasser einer nahegelegenen Quelle, Wasserwerk B pumpt sein Wasser aus einem 100 Meter tiefem Bohrloch.

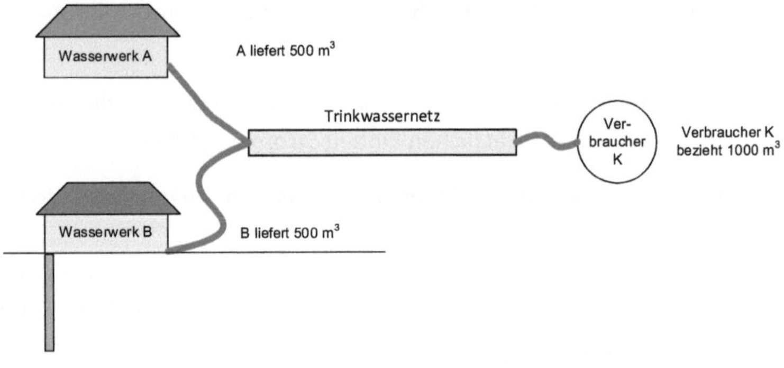

Da Wasserwerk A sein Wasser „ebenerdig“ ins Netz einspeisen kann, entsteht dafür kein Energieaufwand. Das Wasser von A ist sozusagen „emissionsfrei“. Dagegen holt Wasserwerk B sein Wasser mit einer elektrischen Pumpe aus 100 Meter Tiefe. Der Energieaufwand für das Hochpumpen von einem Kubikmeter beträgt 0,6 kWh und für 500 Kubikmeter entsprechend 300 kWh (0.6 * 500).

Welche Emissionen entstehen a) bei Wasserwerk A, und b) bei Wasserwerk B?

Da beim Wasserwerk A keine Pumpen im Einsatz sind, sind die Emissionen null. Für die Emissionen bei B ist der CO2-Emissionsfaktor relevant. Wenn er beispielsweise 0,5 kg/kWh beträgt, entstehen für das Hochpumpen von 500 Kubikmeter Wasser CO2-Emissionen in Höhe von 150 kg CO2 (300 kWh * 0,5 kg/kWh = 150 kg CO2).

Jetzt nehmen wir an, dass ein neuer Verbraucher L einen täglichen Wasserbedarf von 100 m^3 anmeldet. Da die Quelle des Wasserwerks A erschöpft ist, kann es nicht liefern. Dagegen hat Wasserwerk B Kapazitäten frei. Wasserwerk B liefert nun 500 m^3 an Verbraucher M plus den Neubedarf von 100 m^3 an Verbraucher L, also insgesamt 600 m^3.

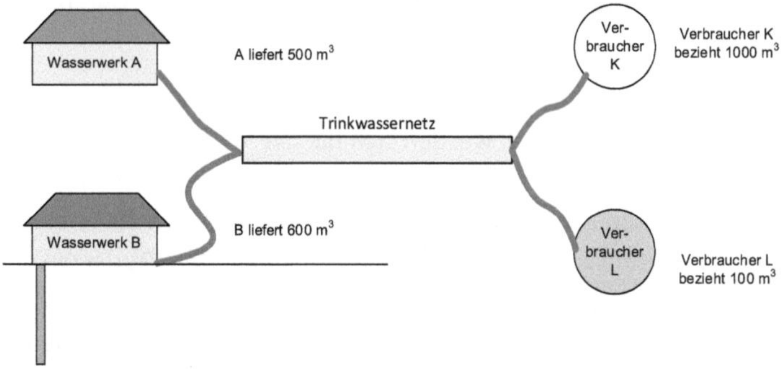

In den Reservoirs und Leitungen des Trinkwassernetzes werden die Wassermengen vermischt. Nun stellt sich die Frage, von welchem Wasserwerk der Verbraucher L sein Wasser bekommt. Vom „emissionsfreien“ Wasserwerk A oder von B, das sein Wasser aus einem Tiefbrunnen pumpt? Die Antwort kann nur sein: Das Wasser für den Verbraucher L kommt von Wasserwerk B. Verbraucher L muss seine Wasserrechnung an B bezahlen. Es sind die CO2-Emissionen anzusetzen, die bei der Wassergewinnung des Kraftwerks B entstehen.

Ähnliche Probleme bei der Zurechnung der Emissionen gibt es in einem Stromnetz. Auch dort gibt es Erzeuger, die Strom nach unterschiedlichen Verfahren herstellen, und mehrere Verbraucher, die von ihnen beliefert werden.

2.3 Welchen Strom beziehen Marsianer nach der Landung?

Eine Expedition von Marsianern hat zu Beginn des Jahres eine Station auf der Erde eingerichtet. Für den Eigenverbrauch der Station und die interstellare Kommunikation entsteht ein jährlicher Strombedarf von 10 TWh, der dem deutschen Stromnetz entnommen wird. Ob und wie die Neuankömmlinge ihre Stromrechnung bezahlen, interessiert uns hier nicht. Uns interessiert die Frage: Welche Auswirkungen wird das auf die CO2-Emissionen haben? Welcher CO2-Emissionsfaktor ist bei der Stromerzeugung anzuwenden? Grenzstrom oder Durchschnittsstrom?

Wenn die Marsianer beginnen ihren Strombedarf aus dem deutschen Stromnetz zu beziehen, werden sich die On- und Offshore-Windräder nicht schneller drehen und die Sonne wird nicht heller scheinen. In den Gaskraftwerken wird mehr Gas in die Brennkammern strömen und in den Kohlekraftwerken wird mehr Kohle eingeblasen. Durch die erhöhten Verbrennungsprozesse steigen die C02-Emissionen. Wenn nun die Aliens die Erde wieder verlassen, sinkt der Stromverbrauch wieder auf den vorherigen Stand. Und in den Kraftwerken wird weniger Gas und Kohle verbrannt und die Emissionen sinken. Die Marsianer haben während ihres Aufenthalts CO2-Emissionen verursacht. Nach ihrer Abreise geht diese Belastung wieder zurück. E-Autos haben eine Wirkung auf das Klimawirkung wie der Besuch der Marsianer, nur mit dem Unterschied, dass die E-Autos dauerhaft bleiben. Sie stellen zusätzliche Verbraucher dar, die ihren Bedarf durch Fossilstrom decken. Deshalb sind für die Berechnung in beiden Fällen der marginale CO2-Emissionsfaktor anzuwenden.

2.4 Grenzwerte bei der Kosten- und Leistungsrechnung

Grenzkosten treten sowohl in der Mikroökonomik als auch in der Kosten- und Leistungsrechnung auf. Dort gibt es Durchschnitts- und Grenzwerte. Die Grenzkosten (= Marginalkosten) sind die Kosten, die durch eine zusätzlich produzierte Einheit anfallen. Sie werden über die Ableitung der Kostenfunktion berechnet.

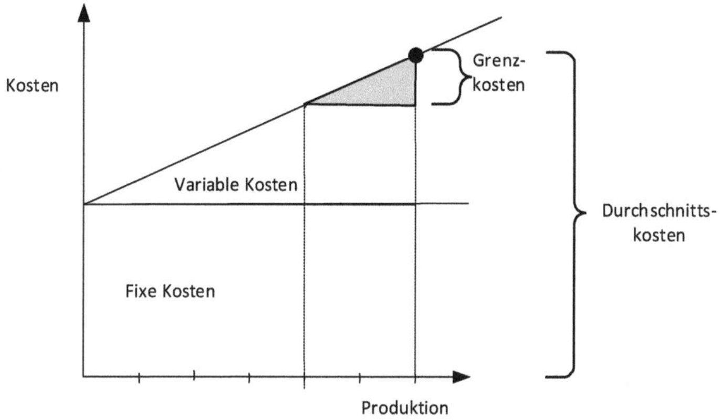

In der betriebswirtschaftlichen Kosten- und Leistungsrechnung unterscheidet man fixe und variable Kosten. Die variablen Kosten steigen mit jeder produzierten Einheit. Wird daher weniger produziert, sinken auch die variablen Kosten. Die fixen Kosten hingegen bleiben, unabhängig von der Produktionsmenge, gleich.

2.5 Bezieht die Kaffeemaschine einen anderen Strom?

Wenn jemand eine Herdplatte oder eine Kaffeemaschine einschaltet, wird der Strom dem öffentlichen Netz entnommen. Doch aus welcher Quelle? Wird sich jetzt ein Windrad schneller drehen oder die Sonne auf die Solarpanels stärker scheinen? Nein! Der Zusatzstrom wird also von einer Stromquelle kommen müssen, die regelbar ist und den zusätzlich benötigten Strom tatsächlich liefern kann. Regelbar sind fossile Kraftwerke. Gerade Gasturbinenkraftwerke können innerhalb weniger Minuten volle Leistung bringen und daher kurzfristig Spitzenlast abdecken. Damit können sie die Bedarfslücke schließen, die zwischen der schwankenden Stromnachfrage einerseits und der stark schwankenden Erzeugung aus Erneuerbaren Energien andererseits entstehen. Damit müssen auch die entstehenden CO2-Emissionen dem Verbraucher zugerechnet werden, der den Strom zu diesem Zeitpunkt verbraucht. Ob dies eine Kaffeemaschine, ein Rasierapparat, eine Kochplatte oder ein E-Auto ist, spielt keine Rolle. Jeder elektrische Verbraucher bezieht unter diesen Bedingungen Fossilstrom und verursacht somit CO2.

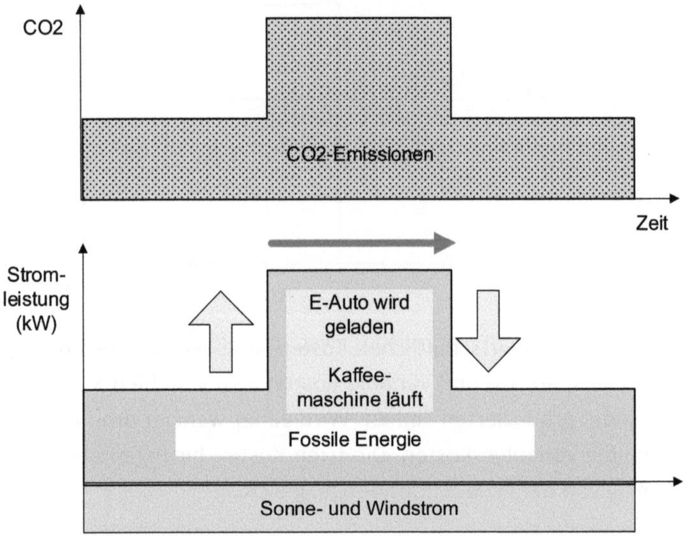

Wenn der Kaffee zubereitet ist und sich die Kaffeemaschine abschaltet, geht die Stromerzeugung im Kohle- oder Gaskraftwerk wieder zurück. Doch was ist mit den Emissionen? Wenn beispielsweise ein elektrischer Backofen mit einer Leistung von 2 kW eine Stunde lang heizt, verbraucht er 2 kWh. Die daraus resultierenden CO2-Emissionen können wir nicht unmittelbar messen, sondern müssen sie auf Grundlage der zur Verfügung stehenden Daten errechnen.

Diese Unterscheidung, ob der Zusatzverbrauch von einem neuen Produkt kommt (z. B. von einem E-Auto) oder von einem „alten" Verbraucher (z. B. von einer Kaffeemaschine) ist in diesem Zusammenhang nicht von Bedeutung. Das Ein- oder Ausschalten eines Verbrauchers hat auf die Menge des von Wind und Sonne erzeugten Stroms keinen Einfluss. Dieser wird durch exogene Faktoren bestimmt, u.a. durch die Windstärke und die Sonnenintensität.

Dazu ein Gedankenexperiment: Man stelle sich vor, alle Kühlschränke der Gesundheit würden von heute auf morgen abgeschaltet. Der Stromverbrauch geht zurück. Wie werden die Windräder und Photovoltaik-Anlagen reagieren? Überhaupt nicht. Nach wie vor würden sie die gleiche Strommenge produzieren. Nur der Fossilstrom würde zurückgehen. Dann kommt die Meldung: Alles wieder einschalten. Die Kühlschränke würden wieder Strom aus dem Netz beziehen. Wie werden Wind und Sonne darauf reagieren? Gar nicht. Aber die Fossilkraftwerke würden ihre Strommenge wieder auf altes Niveau steigern.

Ein kritischer Leser könnte nun einwenden: Da in jüngerer Vergangenheit die Erneuerbaren Energien einen dramatischen Anstieg verzeichnen, müsste die dort neu entstandene Energie auch den Kühlschränken zugerechnet werden. Doch der inzwischen gestiegene EE-Strom wird bereits von anderen Verbrauchern genutzt und steht nicht mehr zur Verfügung. Durch das Einschalten der Kühlschränke werden jetzt die Gas- und Kohlekraftwerke ihre Leistungsabgabe wieder hochfahren.

Wenn eine neue Produktgruppe (z.B. E-Autos, Wärmepumpen, etc.) auf den Markt kommt und neuen Strombedarf anmeldet, werden die Emissionen nicht nur in der aktuellen Periode, sondern auch in den Folgejahren dauerhaft erhöht. Sie sinken wieder, wenn die Geräte nach Erreichen ihrer Lebensdauer verschrottet werden. Auch wenn sich etwa private Haushalte entschließen sollten, ihre Küchen mit einem zweiten Kühlschrank oder mit einer Klimaanlage auszustatten, wären das neue Verbraucher, die den Fossilstrom und damit die Emissionen ansteigen ließen.

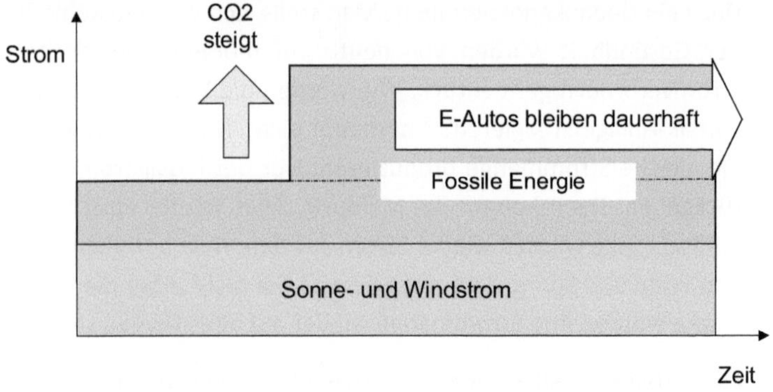

Im Zuge der Umstellung auf Elektromobilität werden immer mehr E-Autos dauerhaft Strom aus dem Netz beziehen. Dies gilt in gleicher Weise für alle zukünftigen Verbraucher, wie z.B. Wärmepumpen, Wasserstoff-Elektrolyse und ähnliches.

2.6 E-Autos sind neue Dauerverbraucher

E-Autos gab es früher nicht. Jetzt beziehen sie in wachsendem Maß Strom aus dem Netz. Scheidet ein Verbrenner aus dem Verkehr aus, wird CO2 eingespart. Jedoch verursacht der zusätzliche Stromverbrauch der E-Autos neue Emissionen. Um die Wirkung auf die Klimabilanz zu erfassen, müssen die dabei entstehenden Emissionen erfasst werden. Es geht also um die Emissionen innerhalb einer Periode, für unsere Betrachtung innerhalb eines Jahres.

Es gibt keinen Grund, warum man einem Verbraucher (z.B. Elektroherd) einem anderen Emissionsfaktor zuordnen sollte als einem anderen Verbraucher (z. B. E-Auto). Es macht jedoch Sinn, im Vergleich zweier Zeiträume den neu hinzu gekommenen Verbraucher anders zu bewerten als die bisherigen Verbraucher. Die neuen Elektroherde ersetzen alte Elektroherde, während E-Autos eine neue Kategorie von Verbrauchern sind. E-Autos sind Zusatzverbraucher.

2.7 CO2-Emissionsfaktor. Durchschnitts- oder Marginalstromansatz?

Der „richtige“ Emissionsfaktor und die Klimabilanz

Bei der Bilanzierung der CO2-Emissionen der Stromverbraucher stehen sich zwei Ansätze gegenüber:[6] Grenzstromansatz (oder Marginalstromansatz) versus Durchschnittsstrom-Ansatz. Welcher CO2-Faktor ist nun für das E-Autos richtig?

E-Auto-Befürworter gehen von der positiven Annahme aus, dass E-Autos ihren Ladestrom mit dem günstigen CO2-Emissionsfaktor von 0,4 bis 0,5 kg/kWh beziehen können. Sie verwenden den Durchschnittsstrom, weil dieser das E-Auto in einem günstigen Licht erscheinen lässt.

Die Bilanzierung auf Basis des Durchschnitts-Ansatzes in einem Stromnetz hat den Nachteil, dass die CO2-Wirkung, die ein zusätzlicher Stromverbrauch bewirkt, nicht explizit diesem Verbrauch zugeordnet wird. Wenn zum Beispiel die CO2-Emissionen der Stromerzeugung durch einen zusätzlichen Stromverbrauch steigen, wird diese Steigerung allen Verbrauchern gleichermaßen zugeordnet. Der Ansatz mit dem Durchschnittsstrom für die Berechnung der Emissionen ist falsch.[7]

Beim Grenzstrom-Ansatz werden einem Stromverbrauch die Veränderungen der Stromerzeugung zugeordnet, die sich durch den zusätzlichen Verbrauch ergeben. Der marginale CO2-Faktor des Stroms hängt davon ab, in welchen Kraftwerken (Kohle, Gas, etc.) er erzeugt wurde. Braunkohlekraftwerke emittieren mehr CO2 als Steinkohle- oder Gaskraftwerke. Der CO2-Faktor der zusätzlichen Stromnachfrage durch die Elektromobilität errechnet sich als Jahresmittelwert des erzeugten Fossilstroms. Wir werden uns das genauer anschauen.

---

[6] TEXTE „Ökologische Bewertung von Verkehrsarten“ https://www.umweltbundesamt.de/sites/default/files/medien/1410/publikationen/2019-11-07_texte_134-2019_strom-verkehrsmittelvergleich_0.pdf (Seite 30f.)

[7] Zur Marginalstrom-Berechnung siehe auch: Kai Ruhsert: https://derelektroautoschwindel.wordpress.com/. Gut auch Rüdiger Stobbe: https://www.stromdaten.info/elektroauto-schwindel/

Fossilstrom und CO2-Emissionen in 2023

In 2023 hat die Stromwirtschaft in Deutschland 436 TWh Nettostrom erzeugt. Dabei entstanden CO2-Emissionen in Höhe von 179 Mio. Tonnen CO2.[8] Es sind also die Emissionen der Kraftwerke, die Kohle, Öl und Gas für die Stromherstellung einsetzen, die das Klima belasten. Strom aus fossilen Kraftwerken hat folgende CO2-Emissionsfaktoren: Erdgas 397 g/kWh, Steinkohle 852 g/kWh für Braunkohle 1.146 g/kWh.[9]

Nettostrom-erzeugung in Deutschland in 2023[10] (TWh)

Fossile Energie	169,38
Atomenergie	6,72
Erneuerbare Energien	260,68
Energie gesamt	436,78

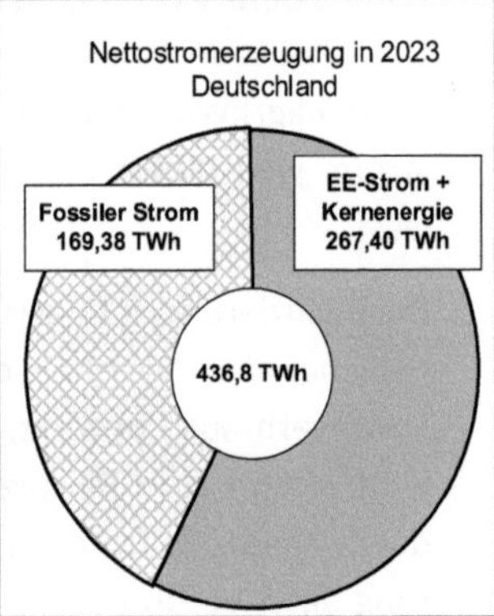

Der CO2-Emissionsfaktor der Stromerzeugung gibt an, wie viel Gramm Kohlendioxid bei der Erzeugung von einer kWh freigesetzt wird bzw. beim Verbrauch einer kWh zu veranschlagen ist (g CO_2/kWh).

$$CO2 - Emissionsfaktor = \frac{CO2 - Emissionen\ (kg)}{Stromerzeugung\ (kWh)}$$

[8] https://www.umweltbundesamt.de/sites/default/files/medien/1410/bilder/dateien/strommix-entwicklung_1990-2021_schaetzung-2022.pdf

[9] Quelle: UBA, CLIMATE CHANGE 15/2022, Entwicklung der spezifischen Treibhausgas-Emissionen des deutschen Strommix in den Jahren 1990 - 2021, S. 20 f

[10] https://www.energy-charts.info/charts/energy_pie/chart.htm?l=de&c=DE&year=2023&interval=year (10.1.2024)

Zwei Arten von CO2-Emissionsfaktoren lassen sich berechnen.

CO2-Emissionsfaktor nach Durchschnittsstrom-Ansatz

Der Emissionsfaktor für den deutschen Strommix wird berechnet durch Division der CO2-Emissionen, die bei der gesamten Stromerzeugung entstehen, durch den für den Endverbrauch netto zur Verfügung stehenden Strom aus der Stromerzeugung in Deutschland.[11]

$$CO2 - Emissionsfaktor = \frac{CO2{-}Emissionen}{Netto{-}Strom} = \frac{179\ Mio.Tonnen\ CO2}{436{,}8\ TWh} = 0{,}409\ kg/kWh \text{ in } 2023$$

CO2-Emissionsfaktor nach dem Grenzstrom-Ansatz

Wenn wir näherungsweise davon ausgehen, dass EE-Strom emissionsfrei erzeugt wird, so folgt, dass die gesamten CO2-Emissionen der Stromerzeugung den fossilen Quellen Gas und Kohle anzulasten sind. Damit errechnet sich der CO2-Emissionsfaktors für den Strom aus fossiler Energie in 2023 wie folgt:

$$CO2 - Emissionsfaktor = \frac{CO2{-}Emissionen}{Strom\ aus\ fossiler\ Energie} = \frac{179\ Mio.Tonnen\ CO2}{169{,}38\ TWh} = 1{,}056\ kg/kWh$$

Etwas gerundet lässt sich sagen, dass nach dem Durchschnitts-Stromansatz der CO2-Emissionsfaktor rund **0,4 kg CO2/kWh**, nach dem Grenzstrom-Ansatz rund **1,0 kg CO2/kWh** beträgt.

Die VDI-Studie Dezember 2023

Diese Studie verwendet für die Berechnungen für die Bilanzanalyse von Pkw mit verschiedenen Antriebssystemen beide Ansätze.[12] Sie

[11] https://www.umweltbundesamt.de/sites/default/files/medien/1410/publikationen/2022-04-13_cc_15-2022_strommix_2022_fin_bf.pdf; Die CO2-Emissionen der Stromwirtschaft -...- sinken 2023 nach vorläufigen Berechnungen deutlich um rund 20 Prozent auf 179 Mio. t CO 2 (2022: 224 Mio. t CO2). *https://www.bdew.de/media/documents/Jahresbericht_2023_final_18Dez2023_V2.pdf, Seite 53*

[12] Den erheblichen Einfluss der Methodik auf die Emissionen in g CO2äq /kWh sieht man in Bild 76 auf Seite 94 für das Szenario „Klimaneutrales

werden dort bezeichnet als der „Mittelwertansatz" (bei uns: Durchschnittsstrom-Ansatz) und der „sogenannte kurzfristige Marginalansatz" (bei uns: Grenzstrom-Ansatz). Der Mittelwertansatz liefert die mittlere Emission von allen vorhandenen elektrischen Verbrauchern im Sinne eines arithmetischen Mittelwerts über feste Zeiträume. Der Marginalansatz repräsentiert die Grenzkosten, also das THG-Einsparpotenzial bei Abschaltung eines elektrischen Verbrauchers beziehungsweise die THG-Zusatzemissionen bei Hinzufügen eines weiteren elektrischen Verbrauchers. Im weiteren Verlauf der Studie werden der Marginalansatz und der Mittelwertansatz parallel dargestellt. [13] Der Abbildung auf Seite 94 der VDI-Studie ist zu entnehmen, dass die Werte für den Emissionsfaktor nach dem Marginalansatz um die 800 g/kWh, nach dem Mittelwertansatz um die 400 g/kWh betragen. Deutlich wird hier, wie stark die Auswahl des Emissionsfaktors das Ergebnis bestimmt.

2.8 Welcher CO2-Emissionsfaktor ist für das E-Auto richtig?

Durch die Einführung einer neuen Verbrauchergruppe (z.B. Wärmepumpen oder E-Autos) entsteht zusätzlicher Strombedarf. Für die Berechnung dieser Emissionen ist der Grenzstrom-Ansatz anzuwenden. Das E-Auto ist eine solche neue Produktart, die zusätzlich Strom benötigt. Da die EE-Stromanbieter wegen der neuen Verbraucher ihre Stromproduktion nicht steigern, wird der benötigte Zusatzstrom von fossilen Kraftwerken kommen müssen. Daraus folgt, dass der CO2-Emissionsfaktor der Stromerzeugung für die neue Verbrauchergruppe dem der fossilen Kraftwerke entspricht.

Deutschland 2045" (KNDE45) dargestellt. https://www.vdi.de/ueber-uns/presse/publikationen/details/vdi-studie-oekobilanz-von-pkws-mit-verschiedenen-antriebssystemen, VDI-Oekobilanz-Studie_zu_verschiedenen_Antriebssystemen_01.pdf, S. 18

[13] Ebd. S. 38, 94

Der beim E-Auto gültige CO2-Emissionsfaktor entspricht dem CO2-Emissionsfaktor Fossilstrom (also etwa zwischen 600 bis 1000 g CO2/kWh).

Die Emissionen entstehen bei der Erzeugung des Stroms, nicht beim Verbrauch. Sie können daher nur auf der Erzeugungsseite ermittelt und zugeordnet werden. Entscheidend ist wie das Stromerzeugungssystem auf den Lastanstieg reagiert, d.h. welche Kraftwerke genau hochgefahren werden. In jedem Fall handelt es sich um Fossilstrom. Festzuhalten ist, dass er nicht ohne den zusätzlichen Bedarf der neuen Verbraucher entstanden wäre. Deshalb ist der Ladestrom der E-Autos als zusätzlicher Strom einzustufen, also als Grenzstrom.[14]

Solange noch Fossilstrom im Netz ist, muss mit dem Grenzstrom-Ansatz gerechnet werden. Denn anstelle eines neuen E-Autos als neuer Verbrauchergruppe hätte man den Strom auch zum Zurückdrängen des Fossilstroms verwenden können. Der Umstieg von Verbrennern zu E-Autos wird keine CO2-Minderung bringen, solange Strom mit einem hohen Anteil an fossiler Energie hergestellt wird.

Für die E-Auto-Befürworter hat die Verwendung des Durchschnittsstrom-Ansatzes zur Berechnung zwei Vorteile. Einerseits ist die Aussage „Das Netz versorgt alle Verbraucher mit dem gleichen Strom“ intuitiv verständlich und plausibel, zumal für diejenigen, die sich nur oberflächlich mit den Zusammenhängen beschäftigt haben. Andererseits stützt dieser Ansatz die Auffassung der E-Auto-Fans, das E-Auto sei eine klimafreundliche Form des Individualverkehrs. Der Gesetzgeber will offenbar, dass das E-Auto in einem günstigen Licht dasteht, und hat deshalb verfügt, dass 'ungünstige' Berechnungen offiziell nicht durchgeführt werden sollen. Man müsse Durchschnittswerte verwenden.[15]

---

[14] https://derelektroautoschwindel.wordpress.com/%e2%86%93/?frame-nonce=d981c0922a

[15] https://www.focus.de/auto/news/synthetische-kraftstoffe-2020-wenn-der-tesla-kohlestrom-tankt-elektroautos-in-der-glaubwuerdigkeits-falle_id_12143400.html

Bei der richtigen Einschätzung der Klimaeffekte von E-Autos zeigen sich in der medialen Berichterstattung erhebliche Wissensdefizite.[16] Meist wird argumentiert mit dem simplen Muster "E-Auto - gut", "Verbrenner - schlecht". Bei den E-Autofans geht oft Unwissenheit mit großem Selbstbewusstsein einher. Tatsächlich sind die Zusammenhänge nicht immer leicht zu verstehen. Experten, die sich mit dem Thema schon jahrelang beschäftigt haben, meinen sogar, dass man das Wesen und die Bedeutung des Grenzstroms entweder sofort kapiert – oder nie.[17]

---

[16] Kai Ruhsert, Akademische Hütchenspieler, 13. August 2023, https://der-elektroautoschwindel.wordpress.com/%e2%86%93/?frame-nonce=d981c0922a

[17] https://derelektroautoschwindel.wordpress.com/2022/07/30/ein-neuer-und-hoffentlich-einfacherer-zugang-zum-marginalstromansatz/

3 Durchschnitts- oder Grenzstromansatz. Wer hat recht?

3.1 So rechnen E-Auto-Befürworter

Bundesregierung und BMWK. Die Hoffnung

Die Bundesregierung hat sich das Ziel gesetzt, einen Anteil von 80 Prozent Erneuerbarer Energien am Bruttostromverbrauch in 2030 zu erreichen. Das allein ist schon sehr ehrgeizig. Hinzu kommt, ".. *dass der Stromverbrauch massiv ansteigen wird, da die Dekarbonisierung in anderen Sektoren ebenfalls mit grünem Strom erfolgen wird, wie beispielsweise über Wärmepumpen und Elektroautos."*[18]

Eine wenig überzeugende Begründung zugunsten des E-Autos findet man vom Bundesamt für Wirtschaft und Ausfuhrkontrolle (BAFA): *„Da der stetig sinkende CO2-Faktor des Bundesstrommixes perspektivisch zunehmend zu einer ungünstigen Bewertung von Effizienzmaßnahmen im Bereich elektrischer Energie in der CO2-Bilanz führt, kann für diese Effizienzmaßnahmen der doppelte CO2-Faktor angesetzt werden. Damit soll der Wichtigkeit der Einsparung von elektrischer Energie Rechnung getragen werden."*[19]

Eine gewisse Skepsis gegenüber dem Nutzen der E-Autos kommt auch beim Generalsekretär der SPD im „Spiegel" zum Ausdruck: *„Unser politisches Ziel sind 15 Millionen E-Autos bis 2030, ... Das bringt ganz kurzfristig noch keine riesigen CO2-Einsparungen. Aber es ist die Grundlage, um im nächsten Jahrzehnt die Antriebswende erfolgreich zu meistern."*[20]

[18] https://www.bmwk.de/Redaktion/DE/Dossier/erneuerbare-energien.html
[19] https://www.bafa.de/SharedDocs/Downloads/DE/Energie/eew_infoblatt_co2_faktoren_2023.pdf_blob=publicationFile&v=3, S. 6
[20] Kuhnert, Interview im Spiegel 17/22.4.2023, Seite 30

EnBW zum Durchschnittsstrom, Website

„Als Basis für die Ermittlung der Elektroauto-CO2-Bilanz wird ein PKW der Kompaktklasse herangezogen, der während seiner Lebensdauer ungefähr 150.000 Kilometer gefahren ist. Darüber hinaus wird der aktuelle Strommix in Deutschland zugrunde gelegt, der sich aus fossilen Brennstoffen und erneuerbaren Energien zusammensetzt."[21]

Doppelbauer, Martin, Prof.

Karlsruher Institut für Technologie (KIT). Als Befürworter der Elektromobilität verwendet Martin Doppelbauer bei den Berechnungen der CO2-Emission von Elektroautos den Emissionsfaktor des Strommix des Durchschnittsstroms. Seine Argumentation: Der höhere Emissionsfaktor müsse für alle neu ans Stromnetz angeschlossenen Verbraucher gelten. Warum sollte das nur für neu angeschaffte Elektroautos gelten? Letztlich gingen alle heutigen elektrischen Verbraucher irgendwann einmal als Neugeräte ans Netz. Nach Doppelbauer ist der Emissionsfaktor für den Durchschnittsstrom für das E-Auto richtig.[22]

Öko-Institut in Freiburg

„Bei der Berechnung wurde der <u>deutsche Strommix</u> für den Nutzungszeitraum angesetzt und die Herstellung des Fahrzeugs einbezogen."[23]

Agora Verkehrswende

Agora Verkehrswende: *In der Studie „Sensitivität Strom 2016" bleibt der <u>deutsche Strommix</u> in Zukunft auf dem Niveau von 2016 und in der Studie „Sensitivität Photovoltaik" wird reiner Solarstrom verwendet.*[24]

---

[21] https://www.enbw.com/blog/elektromobilitaet/trends/co2-bilanz-wie-umweltfreundlich-sind-elektroautos/

[22] Doppelbauer, Martin. Warum E-Autos nicht nur Kohlestrom laden, ... In Auto Motor und Sport." https://www.auto-motor-und-sport.de/tech-zukunft/alternative-antriebe/elektroauto-co2-stromerzeugung-rechenfehler-bilanz-kwh-grenzkosten/, 29.06.2021

[23] https://www.oeko.de/fileadmin/oekodoc/FAQ_Elektro-mobilitaet_Oeko-Institut_2017.pdf, Seite 3

[24] Agora Verkehrswende (2019): Klimabilanz von Elektroautos. Einflussfaktoren und Verbesserungspotenzial, Zweite Auflage: Mai 2019, S. 9

Fichtner, Maximilian, Prof.

Direktor des Helmholtz-Instituts Ulm für Elektrochemische Energiespeicherung: *„Ich rate dringend, sich mal mit dem Sachverstand auf diesem Gebiet zu befassen – und zu verstehen, weshalb die Wissenschaft die Grenzstrombetrachtung in die Tonne getreten hat.“, 27. Mai 2022 Twitter*

Wietschel, Martin,

Nach einer Studie von Martin Wietschel (ISI-Fraunhofer-Institut 2020) lassen sich mit einem E-Auto der Mittelklasse die Treibhausgas-Emissionen gegenüber einem Verbrenner um 32 Prozent reduzieren. Bei schweren E-Autos betrage die Einsparung immerhin noch 4 Prozent. [25] Allerdings gelten diese Werte nur bei der Verwendung des Emissionsfaktors des deutschen Strommixes.

Eine Studie des Fraunhofer Instituts ISI (Wietschel et al., 2022)[26] zum Thema hält den Grenzstrom-Ansatz für E-Autos nicht geeignet. Als Grund wird genannt, dass bei diesem Ansatz die Stromnachfrage durch strombasierte Pkw fälschlicherweise erhöht und zwar *„für Deutschland um ca. den Faktor 2 über den durchschnittlichen THG-Emissionen des Strommixes. ... Dazu wird dann üblicherweise mit den THG-Emissionen von fossilen Kraftwerken gerechnet, weil i.d.R. davon ausgegangen wird, dass die Erneuerbaren-Stromerzeugung begrenzt ist und keine zusätzlichen Erneuerbaren-Kraftwerke für strombasierte Pkw gebaut werden.“* Überzeugend ist diese Argumentation nicht. Tatsächlich wird beim Grenzstromansatz nicht vorausgesetzt, dass Erneuerbare Stromerzeugung begrenzt sei oder gar keine Windräder oder Solaranlagen gebaut werden dürften.

Ein anderer Einwand gegen den Grenzstrom-Ansatz (S. 15) ist ebenfalls nicht überzeugend: Die Grenzstromemissionen ließen sich nicht klar

[25] Fraunhofer, ISI, 01/2020, Martin Wietschel, Ein Update zur Klimabilanz von Elektrofahrzeugen, 2020, S. 13

[26] Martin Wietschel, Steffen Link, Kirsten Biemann, Hinrich Helms. Langfristige Umweltbilanz und Zukunftspotenzial alternativer Antriebstechnologien, 2022. https://www.econstor.eu/bitstream/10419/251363/1/1795367423.pdf

zuordnen: „Bei Verwendung der Emissionen des Grenzkraftwerkes besteht eine Zuordnungsproblematik. Bisherige konventionelle Stromnachfrage, z. B. bei Beleuchtung und Weißen Waren, geht zurück. und eine Reihe an neuen Stromnachfragern kommt aus Anwendungen wie batterieelektrischen Fahrzeugen, Wärmepumpen, IKT-Anwendungen oder Strom für Niedertemperatur-Wärmenachfrage in der Industrie hinzu. Wer entscheidet, nach welchen Kriterien, welche der Anwendungen Grenznachfrager nach Strom sind und deshalb mit den Grenzemissionen zu belasten ist?"

Doch es besteht kein Zuordnungsproblem, wenn wir eine Welt mit E-Autos mit einer ohne E-Autos vergleichen. Die E-Autos sind eine Verbrauchergruppe, die es vorher nicht gab. Sie bezieht Strom, der ohne sie nicht produziert worden wäre. Man vergleicht die Emissionen der Stromerzeugung im Jahr 1 (ohne E-Autos) mit dem Jahr 2 (mit E-Autos). Beides lässt sich errechnen.

Andere in der Studie angesprochenen Sachverhalte betreffen andere Zusammenhänge (Abregeln, flexibles Laden / Wasserstoff, Lastmanagement, Ausbaupläne für EE-Strom). Das sind zwar wichtige und richtige Aspekte, die bei der Elektromobilität zu bedenken sind, die aber keinen Bezug zur Richtigkeit des Grenzstromansatzes haben.

In einem Videovortrag von 2022 stellt Wietschel stellt die Sache mit den CO2-Emissionen folgendermaßen dar:[27]

„Batteriebetriebene Fahrzeuge (BEV) sind auch die wirtschaftlichste Lösung der aktuell zur Verfügung stehenden Minderungsoptionen und können einen relevanten Beitrag zur Senkung der Treibhausgasemissionen leisten. ... Bei einem 2020 erworbenen Elektroauto in Deutschland halbieren sich die THG-Emissionen gegenüber einem konventionellen Benziner. Mit einem steigenden Anteil erneuerbarer Energien im Strommix wird dieser Vorteil 2030 sogar fast 60 Prozent betragen."[28]

Solche Aussagen lassen sich nur halten, wenn man den (falschen) Durchschnittsstrom-Ansatz wählt.

---

27 https://www.youtube.com/watch?v=NRVB7eGGFNY, 14.6.2022

28 https://transforming-economies.de/umweltbilanz-und-zukunftspotenzial-alternativer-antriebstechnologien-bei-pkw/ (Bertelsmann Stiftung)

3.2 So rechnen E-Auto-Kritiker

Blümm, Florian

Auf seiner Website findet man das folgende Zitat: *„E-Autos sind in Deutschland eine miserable Klimaschutz-Maßnahme. Ich kann gar keine CO2-Vermeidungskosten berechnen, weil bis 2045 kein CO2 vermieden wird. ... E-Autos verursachen bis zum Kohleausstieg sogar zusätzliche CO2-Emissionen! Selbst nach dem Kohleausstieg sind sie fürs Klima nicht besser als ein Diesel. Die Emissionen werden dann lediglich vom Verkehrssektor in den Stromsektor verlagert."*[29]

Buchal, Christoph, Prof. Physik

Prof. für Physik an der Universität zu Köln (emerit.): *„... könnte der forcierte Ausbau der E-Mobilität im Verein mit der Abschaltung der Kernkraftwerke bedeuten, dass die marginale Stromquelle für die vielen neuen Elektroautos zumindest zeitweilig nicht etwa grüner Strom, sondern Kohlestrom ist. Dann würde „..., der Wechsel vom Dieselmotor zum Elektromotor je nach Art der Batterieproduktion eine Erhöhung des CO 2-Ausstoßes um zwei Drittel, wenn nicht gar auf mehr als das Doppelte bedeuten."*[30]

Eisenkopf, Alexander, Prof.

Professor für Wirtschafts- und Verkehrspolitik an der Zeppelin Universität Friedrichshafen: *„Batterieelektrische Autos sind nicht der richtige Weg zur Dekarbonisierung des Pkw-Verkehrs, solange es nicht gelingt, sie mit einem wesentlich größeren Anteil emissionsarmen Stroms zu betreiben."*[31]

---

[29] https://www.tech-for-future.de/elektroautos/

[30] Christoph Buchal, Hans-Dieter Karl und Hans-Werner Sinn, Kohlemotoren, Windmotoren und Dieselmotoren: Was zeigt die CO2-Bilanz? https://www.ifo.de/DocDL/sd-2019-08-sinn-karl-buchal-motoren-2019-04-25.pdf

[31] https://www.zu-daily.de/daily/zuruf/2019/05-16_eisenkopf-eine-unbequeme-wahrheit.php

Guzzella, Lino, Prof.

von der ETH Züricher in der NZZ: *„Elektroautos schneiden noch viel schlechter ab, wenn man den Grenzstrom berücksichtigt: Sie verbrauchen nicht den üblichen Strommix, sondern steigern den Stromverbrauch; deswegen werden deutsche Braunkohlekraftwerke nicht abgestellt.“*[32]

Hoberg, Peter, Prof.

von der Hochschule Worms: *„Der fossile Strom wird zwar partiell von dem Strom aus erneuerbaren Energien verdrängt, muss aber alle zusätzlichen Strommengen liefern. ... Höherer Strombedarf führt somit auch über die nächsten Jahre dazu, dass mehr Kohlestrom erzeugt werden muss. Wenn also zusätzliche Elektrofahrzeuge (BEV), Wärmepumpen etc. angetrieben werden müssen, wird der zusätzlich benötigte Strom zum großen Teil aus fossilen Energiequellen kommen müssen.“*[33]

IASTEC

International Association of Sustainable Drivetrain and Vehicle Technology Research (IASTEC): *Die Berechnung mit dem spezifischen Emissionsfaktor des aktuellen deutschen Strommix (381 g CO2/kWh in 2021) für Elektroautos ist irreführend. Die dem Elektroauto zuzuordnende Treibhausgasemissionen hängen nicht vom durchschnittlichen, sondern vom fossilen Strommix ab, der im marginalen Emissionsfaktor zum Ausdruck kommt.*[34]

Ilgmann, Gottfried, Dr.

Berater, Ilgmann Miethner Partner: *„Ein anderer Ansatz, die Klimabilanz des Elektroautos zu schönen, ist der Verzicht auf die Zuwachsbetrachtung beim Strom-Mix: Stillschweigend werden für den zusätzlichen Elektroauto-Strom zusätzliche CO2-freie Quellen angenommen –*

[32] https://www.nzz.ch/elektroauto-schadetder-umweltmehr-als-dieselauto-ld.643005

[33] https://www.elektroauto-news.net/news/meinung-der-grosse-denkfehler-elektroautos-in-deutschland-viel-dreckiger-als-gedacht

[34] Ruhsert, Kai: Der Elektroauto-Schwindel. Wie Greenwashing-Studien die Energiewende verzögern, BoD, Norderstedt 2020, S. 18

oder es wird auf den europäischen Strom-Mix zurückgegriffen, dessen fossiler Anteil geringer ist als der von Deutschland."[35]

Indra, Friedrich, Prof.

TU Wien: *„Schließlich ist die deutsche Stromversorgung schon ohne E-Autos am Anschlag. Der Zusatzstrom, der zum Aufladen der Batterien gebraucht wird, kann also nur aus kalorischen Kraftwerken kommen, in denen heute wieder Braunkohle verstromt wird."*[36]

Luczak, Andreas, Prof.

Professor für Regenerative Energien an der Fachhochschule Kiel: *„In der Endphase der Energiewende, ist ein Umstieg auf Elektromobilität natürlich sehr sinnvoll, aber davon sind wir bei der gegenwärtigen Klimapolitik noch etliche Jahrzehnte entfernt."* Er kritisiert, dass" ... *die Politik bislang sehr wenig auf die „Energiewendeeffizienz" geachtet hat. Es werden oft Dinge gefördert, die zwar klimafreundlich sind, aber in Relation zu den damit verbundenen Kosten vergleichsweise wenig bringen."*[37]

Lohbeck, Wolfgang

Lohbeck, Wolfgang, Mobilitätsexperte, Greenpeace: *„Der Umstieg zu weniger CO2 wäre mit kleineren, leichteren Verbrennern schneller zu schaffen als mit Elektro-Autos"*.[38] Anderer Stelle sagt er, dass Tesla für die dümmste Art von Elektromobilität stehe, die man sich denken könne.

---

[35] https://www.imp-mc.com/aktuell/elektromobil_2009/FAS_090201_Fliess-text.pdf

[36] https://www.automagazin.at/motorpapst-indra-verbrennungsmotor-exis-tiert-laenger-als-eu/

[37] https://www.fh-kiel.de/news/in-sachen-klimafreundlichkeit-ist-deutsch-land-underperformer-fh-professor-prof-dr-andreas-luczak-hat-buch-zur-energiewende-in-deutschland-geschrieben-1/

[38] https://www.deutschlandfunkkultur.de/mobilitaetsexperte-zu-deutsch-landplaenen-von-tesla-elon-100.html

Meiners / Viehmann, Focus

Meiners / Viehmann. FOCUS-online, Montag, 07.11.2022: *E-Autos gelten als „Null-Emissionsfahrzeuge".* In Wahrheit steht nur der Auspuff woanders.

Paschotta, Rüdiger

Physiker und Berater im Energiebereich: *„Ökostrom-Erzeugung hilft der Umwelt sehr, aber es hilft kaum zusätzlich, auch noch Elektroautos anzuschaffen, um diesen Strom damit zu verbrauchen und dafür Kohlekraftwerke weiterhin laufen zu lassen."*[39]

Ruhsert, Kai

Elektroauto-Experte: *„Die dem Elektroauto zuzuordnende Treibhausgasemissionen hängen somit nicht vom durchschnittlichen, sondern vom fossilen Strommix ab."*[40] E-Autos werden bis zur vollständigen Dekarbonisierung der Energieversorgung keine bessere Klimabilanz als Autos mit Verbrennungsmotoren haben.[41] Das soll zwar bis 2045 erreicht werden, doch daran bestehen noch erhebliche Zweifel.

Schmidt Ulrich, Prof.

Kieler Institut für Weltwirtschaft: *„Gleichgültig womit man sein Elektroauto betankt, aus gesamtwirtschaftlicher Sicht fährt es de facto mit 100 Prozent Strom aus fossilen Energieträgern, heutzutage sogar zu 100 Prozent aus Kohle. Erst wenn die Energiewende weit fortgeschritten und der Strom nahezu ausschließlich aus erneuerbaren Energien bestünde, wäre das Elektroauto umweltfreundlicher als moderne Diesel-Fahrzeuge."*[42]

Sedlak, Mario

Berater für die Stromwirtschaft: *„Jeder, der von einem Elektroauto auf einen Verbrenner umsteigt, spart Kohle in einem Kohlekraftwerk ein."*

---

[39] https://www.energie-lexikon.info/rp-energie-blog_2014_02_15.html

[40] Ruhsert, Kai: Der Elektroauto-Schwindel. Wie Greenwashing-Studien die Energiewende verzögern, BoD, Norderstedt 2022, S. 18

[41] Ruhsert, Kai: Der Elektroauto-Schwindel, Norderstedt, 2022, S. 9

[42] Vgl. Ulrich Schmidt, Elektromobilität und Klimaschutz: Die große Fehlkalkulation, KIEL POLICY BRIEF, Juni 2020, S. 6

Dort findet sich auch eine Liste mit weiteren Verfechtern des Grenzstromansatzes.

Seifried, Dieter

Beratungsbüros „Ö-quadrat". Zu den in wissenschaftlichen Studien üblich gewordenen Schummeleien: *„Wer also mit den niedrigen Emissionswerten des Kraftwerks-Mix rechnet, lügt sich eins in die Tasche – mancher bewusst, mancher aus Unkenntnis. ... Eine Energiepolitik, die herkömmliche Energieträger einfach durch Stromanwendungen ersetzt, wird sich also als Bärendienst für das Klima entpuppen. Das gilt für die Wärmepumpe oder die Elektroheizung genauso wie für das E-Fahrzeug.""*[43]

Sinn, Hans-Werner, Prof.

Hans-Werner Sinn leitete als Präsident des Ifo Instituts für Wirtschaftsforschung von 1999 bis 2016: Der grüne „Flatterstrom", also Strom, der durch Solar- und Windanlagen erzeugt wird – steht noch nicht ausreichend zur Verfügung. Deshalb muss der Strom für E-Autos in umweltschädlichen Braunkohlekraftwerken erzeugt werden. Dieser Zusatzstrom vergrößert den weltweiten Gesamtausstoß an CO2. *„Wind- und Sonnenstrom werden uns nicht alleine versorgen. Die Quellen sind nicht regelbar und das Wetter ist unstetig." In Dunkelflauten müssen regelbare Kraftwerke den gesamten Verbrauch Deutschlands decken.*[44]

„E-Autos emittieren in erheblichem Umfang CO2. Nur liegt der Auspuff ein bisschen weiter entfernt im Kraftwerk. Solange noch Kohle- oder Gaskraftwerke am Netz sind – und sie müssen ja dauerhaft am Netz bleiben, um die Versorgung in den Dunkelflauten beim Wind- und Sonnenstrom zu sichern – fahren auch E-Autos mit Kohlenstoff."[45]

---

[43] http://www.fr.de/meinung/klimakiller-elektroauto-11672490.html
[44] https://www.hanswernersinn.de/de/fuer-einen-rationalen-klima-diskurs-faz-08092023
[45] https://www.hanswernersinn.de/de/der-schwindel-mit-dem-e-auto-hb-23122019

Stahl, Martin

Geschäftsführer von Stahl Automotive Consulting (SAC): *„Kommen jetzt Elektrofahrzeuge hinzu, so stellen diese eine zusätzliche Stromnachfrage dar, die bei einer 100prozentigen Durchdringung der deutschen Pkw-Flotte einen zusätzlichen Bedarf von etwa 110 TWh erzeugen wird. ... Da es sich aber um eine zusätzliche Nachfrage handelt, steht diese im Wettbewerb zur Reduzierung der Stromerzeugung aus fossilen Brennstoffen, zu allererst der Braunkohle. Mit einer kWh erneuerbarer Energie lässt sich entweder eine kWh Braunkohlestrom substituieren oder ein Elektroauto betreiben."*[46]

Stelter, Daniel, Dr.

Blog: *Think Beyond The Obvious: "Mit anderen Worten: Wir können ohne Elektromobilität die Nutzung der fossilen Energieträger zurückdrängen, während der Ausbau der Elektromobilität eine stärkere Nutzung fossiler Energieträger erfordert."*[47]

Stobbe, Rüdiger

Blog: stromdaten.info. *„Das neue E-Auto kommt als zusätzlicher Verbraucher ans Netz. Deshalb wird die regenerative Stromerzeugung aber durchaus nicht größer. Also muss der benötigte Strom zusätzlich fossil erzeugt werden."*[48]

UBA, Umweltbundesamt, Studie

„Die potenziellen Auswirkungen von Elektromobilität auf den Kraftwerkspark in Deutschland wurden bereits in verschiedenen Projekten untersucht (...) und dem vom BMUB geförderten Flottenversuch Elektromobilität (...). Für das Bezugsjahr 2030 wurden im Flottenversuch

[46] https://www.manager-magazin.de/unternehmen/autoindustrie/elektro-auto-co2-bilanz-insgesamt-verschlechtert-sich-a-1246276.html (03.01.2019)
[47] https://think-beyondtheobvious.com/stelters-lektuere/elektromobilitaet-und-klimaschutz-die-grosse-fehlkalkulation/
[48] *https://www.achgut.com/artikel/woher_kommt_der_strom_woche_34_potemkinscher_e_auto_erfolg*

Elektromobilität der Bereitstellungsmix für den zusätzlichen Strombedarf durch Elektroautos betrachtet (‚Marginalbetrachtung‘).“[49]

UPI (Umwelt- und Prognose-Institut)

UPI beurteilt die Klimabilanz des E-Autos negativ: *„Mit Elektroautos können deshalb heute und in den nächsten Jahren keine CO2-Emissionen reduziert werden. Es ist sogar das Gegenteil der Fall: Elektroautos erhöhen die CO2-Emissionen.“*[50]

Watter, Holger, Prof.

Experte für Systemtechnik (Regenerative Energiesysteme, Fluid- und Schiffstechnik), Hochschule Flensburg: *“'Der Schornstein steht nur woanders'. Unter Berücksichtigung der Wandlungs- und Übertragungsverluste sind Aussagen zu ‚Null-Emissionen' fahrlässige Täuschungen. Die Verschiebung von Emissionen kann für Großstädte eine sinnvolle Option sein, die Übertragung auf strukturschwache Räume ist unter Emissionsgesichtspunkten fraglich.“*[51]

Weimann, Joachim, Prof.

Otto-von-Guericke Universität Magdeburg: *„Jedes Elektroauto und jede Wärmepumpe, die heute installiert wird, verzögert den Ausstieg aus den fossilen Brennstoffen, weil sie erneuerbaren Strom davon abhält, fossilen Strom zu ersetzen.“*[52]

Wolf, Winfried, Dr.

Ein Autor, der sich seit Jahrzehnten mit mehreren Veröffentlichungen mit Fragen der Mobilität beschäftigt hat, u. a. in seinem Buch „Mit dem Elektroauto in die Sackgasse", 2019

---

49 https://www.umweltbundesamt.de/sites/default/files/medien/378/publikationen/texte_27_2016_umweltbilanz_von_elektrofahrzeugen.pdf, Seite 111

50 https://www.upi-institut.de/upi79_elektroautos.htm#UPI-Bericht_79

51 https://holgerwatter.files.wordpress.com/2017/10/2017-11-09-tourismus_e-mobil.pdf, Seite 10

52 https://m.focus.de/auto/news/umweltbilanz-im-vergleich-experte-verreisst-elektroautos-als-ineffizenteste-form-der-klimapolitik_id_13198969.html

4 Das Strommodell: Zwei Erzeuger, zwei Verbraucher und zwei Fälle

4.1 Ursache-Wirkungsbeziehungen

Direkte physikalische Ursache-Wirkungsbeziehungen in der Stromwirtschaft

In der Physik gilt: Kennt man ein Ereignis oder einen Zustand A vollständig, so kann man mit Hilfe der Naturgesetze das Ereignis oder den Zustand B vollständig ableiten. Umgekehrt kann man auch ("rückwärts") aus dem Vorliegen eines Ereignisses (bzw. eines Zustands) B auf das zeitlich vorangegangene Ereignis A (bzw. den Zustand A) rückschließen. Kennt man den Zustand eines Systems in allen Parametern, so kann man daraus mit Hilfe der Naturgesetze einen zukünftigen Zustand berechnen.

Das Stromnetz ist ein physikalisches System, bei dem eine Änderung an einer Stelle sofort eine Änderung an anderer Stelle zur Folge hat. Dreht man an einer Stellschraube (Ursache), folgt eine Änderung an anderer Stelle (Wirkung). Die Variablen sind - zumindest im Prinzip - direkt messbar. Beim Stromnetz als einem physikalischen System herrschen deterministische Beziehungen. Es gilt das Kausalitätsgesetz, d.h. keine Wirkung ohne Ursache.

Wenn ein E-Auto geladen wird, hat dies Wirkungen auf die Stromerzeugung und - infolge - auf die Emissionen. Man weiß zwar nicht, welches der Kraftwerke im Netz jetzt gerade hoch- oder runterfährt. Dass das schwierig zu ermitteln ist, ändert nichts am Fakt, dass die Zusammenhänge determiniert sind.[53]

[53] Üblicherweise erfolgt dies in der Praxis nach dem Merit-Order-Prinzip über die Grenzgestehungskosten, auf die wir aber für unsere theoretisch angelegte Betrachtung hier nicht weiter eingehen werden.

Nicht alle relevanten Variablen lassen sich bei ökologischen Fragestellungen direkt messen. Man muss zusätzlich noch rechnen. Das gilt insbesondere für die Emissionen, die bei der Stromherstellung entstehen. Im Stromnetz lassen auf Basis von bekannten Daten (wie z.B. zum Stromverbrauch, physikalischen Konstanten, statistischen Daten) und gegebener Infrastruktur die CO2-Emissionen berechnen. So lassen sich die Emissionen des Fossilstroms durch eine einfache Multiplikation errechnen, wenn der jeweilige CO2-Emissionsfaktor bekannt ist.

Nicht-physikalische Ursache-Wirkungsbeziehungen in der Stromwirtschaft

Beim strengen Determinismus besteht eine feste Beziehung zwischen Ursache und Wirkung. Der statistische Determinismus geht davon aus, dass, auch wenn individuelle Ereignisse nicht vorhersagbar sind, sich für Gruppen von Ereignissen oft dennoch bestimmte, statistische Zusammenhänge ermitteln und für Prognosen nutzen lassen. Über diese Ursache-Wirkungszusammenhänge sind nur Aussagen über statistische Wahrscheinlichkeiten möglich. Bei nicht-physikalischen Zusammenhängen wie bei sozialen Beziehungen fehlt eine strenge Kausalität. Dort wirken viele Größen, z.B. persönliche Einschätzungen, Präferenzen, Schulbildung, Steuereinnahmen, Wahlergebnisse, Altersgruppen, etc., die meist nicht präzise quantifizierbar sind.

- Der Strompreis steigt > Stromverbrauch geht zurück
- Mehr CO2-Zertifikate werden verkauft > CO2-Emissionen fallen
- Politik fördert das E-Auto mit einer Mrd. € > Absatzzahlen steigen

Wenn im Jahr x das E-Auto mit 1 Mrd. Euro gefördert wurde und sich der Absatz von E-Autos um 100.000 Stück erhöht hat, kann jemand schließen, dass die Subvention den Zusatzabsatz bewirkt hat. Der Zusammenhang kann so sein, kann aber auch anders sein. Denn es spielen weitere Variable eine Rolle (multikausale Verursachung).

Monokausalität im Zwei-Variablen-Modell

Unterschieden werden monokausale und multikausale Beziehungen zwischen Variablen. Im einfachen Modell besteht eine monokausale Beziehung zwischen einer unabhängigen Variablen (UV) als Ursache und einer abhängigen Variablen (AV) als Wirkung.

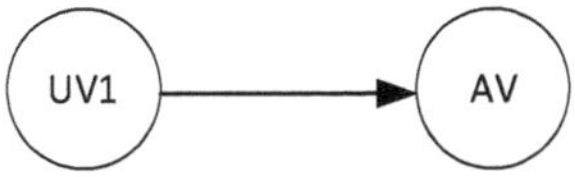

Beispiele:

- Leistung: EE-Strom steigt um 10 Prozent (z.B. 1 TW), Fossilstrom sinkt um 10 Prozent (z.B. 1 TW).
- Energie: EE-Strom wächst um 10 TWh von Jahr 1 zu Jahr 2, Fossilstrom geht um 10 TWh zurück.

Multikausalität

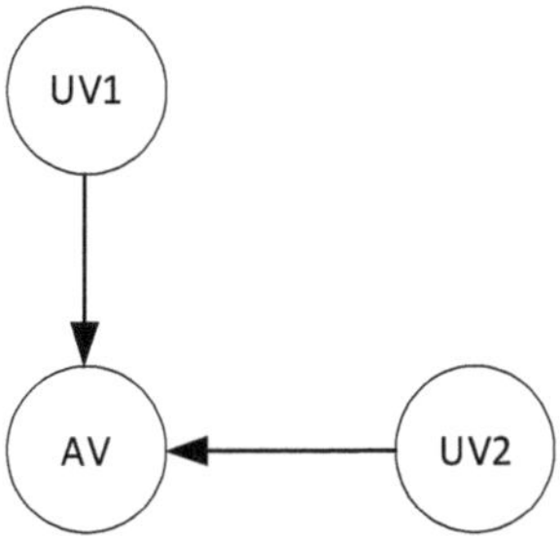

Um multikausale Beziehungen handelt es sich, wenn mehrere UV auf eine AV wirken. Wenn beispielsweise eine unabhängige Variable (UV1) und eine unabhängige Variable (UV2) auf die abhängige Variable (AV) hat.

Wir haben einen Sonderfall der Multikausalität, wenn zwei UVs gleichzeitig geändert werden. Beispiel: Der Flughafen München will CO2-neutral werden und führt LED-Beleuchtung ein und installiert gleichzeitig Solaranlagen auf dem Dach. Beide Maßnahmen führen zu mehr EE-Strom (abhängige Variable, Zeitdauer, z.B. ein Jahr) und zur Reduktion von CO2. Sie wirken unabhängig voneinander.

4.2 Das Strom-Pkw-Modell

Ceteris paribus meint „unter sonst gleichen Bedingungen" oder „alle anderen Dinge konstant haltend". Dabei geht es bei einer Analyse darum, den Effekt von einer Variable zu evaluieren und dabei die anderen Variablen unverändert zu lassen. Um kausale Zusammenhänge aufzudecken, müssen die mit der abhängigen Variablen gemessenen Effekte eindeutig auf die Veränderung der unabhängigen Variablen zurückzuführen sein. Andere Einflüsse müssen also ausgeschlossen bzw. konstant gehalten werden.

Links sehen wir die Verbrenner, die schrittweise durch E-Autos ersetzt werden. Daneben ein einfaches Modell des Stromnetzes mit vier Akteuren, zwei Stromerzeuger und zwei Stromverbraucher. Die Pfeile auf den Verbindungslinien symbolisieren die physikalischen Ströme zwischen den vier Einheiten.

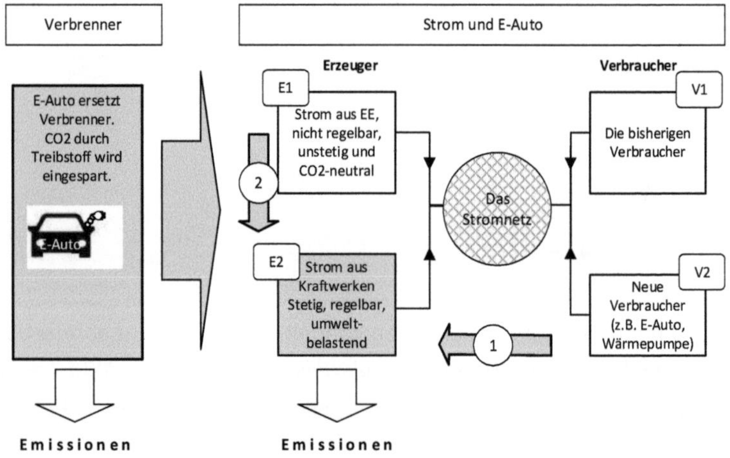

E1	Stromerzeuger Erneuerbare Energien (EE)	Unabhängige Variable (UV)
E2	Stromerzeuger Fossile Kraftwerke	**Abhängige Variable (AV)**
V1	Bisherige Verbraucher	Unabhängige Variable (UV)
V2	Neue Verbraucher, z.B. E-Autos	Unabhängige Variable (UV

Es gibt in diesem Modell drei Variable (E1, V1, V2) und eine abhängig Variable (E2). Zwei der Variablen werden konstant gesetzt, dann die Ursache-Wirkungsbeziehung zwischen einer unabhängigen (E1, V1, V2) und der abhängigen Variablen (E2) untersucht.

> Für das Stromnetz gilt die Formel:
>
> E1 + E2 = V1 + V2
>
> E2 = V1 + V2- E1
>
> Fossiler Strom =
>
> Stromverbrauch bisher + Stromverbrauch E-Auto - EE-Strom

Die zwei für unsere Überlegungen relevanten Ursache-Wirkungsbeziehungen sind durch Pfeile symbolisiert.

- Ursache-Wirkungsbeziehung 1 (Pfeil 1): V2 fragt Strom nach, E2 steigert Stromerzeugung. Annahmen: E1 und V1 sind konstant.
- Ursache-Wirkungsbeziehung 2 (Pfeil 2): Strom von E1 steigt, E2 wird reduziert. Annahmen: V1 und V2 sind konstant.

4.3 Fossile und klimaneutrale Stromerzeuger

Erzeuger E1. Strom aus Erneuerbaren Energien

Erneuerbare Energien E1 stellt in unserem Modell die Stromerzeuger Solar- und Windenergie sowie Biomasse-/Wasserkraft dar. Sie beliefern das Netz mit einem Strom, der in hohem Maß von den externen Bedingungen, vorwiegend von Wind und Sonne, abhängig ist. Dieser Strom ist unstetig und kann kaum geregelt werden. Diese Schwankungen bei der Einspeisung machen das Netz tendenziell instabil. Der frühere Präsident des ifo-Instituts Hans-Werner Sinn spricht von "Zappelstrom".[54]

[54] https://www.hanswernersinn.de/en/node/973

Der CO2-Emissionsfaktor für EE-Strom ist niedrig, aber nicht null. So verursacht eine heute neu gebaute Windrad-Anlage laut einer Untersuchung des Umweltbundesamts (UBA) zwischen 7 und 9 Gramm CO2 pro KWh.[55] Im Vergleich zum Strom aus einem Kohlekraftwerk mit über 1.000 Gramm pro kWh ist dies verschwindend gering.

Erzeuger E2. Strom aus fossilen Kraftwerken

Kohle- und Gaskraftwerke (E2) stellen die Grundlastleistung bereit, sind regelbar und können flexibel hoch- und runtergefahren werden. Um das Netz stabil zu halten, stellen sie witterungs- und tageszeitunabhängig Strom bereit. Dafür reagieren sie

- auf die schwankende Einspeisung von Wind- und Solarenergie (E1) und auf
- die schwankende Nachfrage (V1, V2).

Die Residuallast bezeichnet die Differenz zwischen der aktuell benötigten Leistung und der Leistung, die die nicht regelbaren Stromquellen Wind und Sonne erbringen.[56] Diese Differenz muss vor allem von den regelbaren fossilen Quellen gedeckt werden. Sie können für die Flexibilität sorgen, die für die Netzstabilität unerlässlich ist.

4.4 Bisherige und neue Stromverbraucher

Verbraucher V1. Die bisherigen Verbraucher

Die bisherigen Verbraucher waren schon am Netz, bevor es E-Autos und Wärmepumpen gab.

---

[55] UBA: Climate Change, 35/2021, Für Mensch & Umwelt, Abschlussbericht, Aktualisierung und Bewertung, der Ökobilanzen von Windenergie- und Photovoltaikanlagen unter Berücksichtigung aktueller Technologieentwicklungen, S. 284, 288

[56] Abweichend von dieser Definition sagt das SMARD Benutzerhandbuch: „Residuallast entspricht dem gesamten Realisierten Stromverbrauch, abzüglich der Einspeisung von Photovoltaik-, Wind Onshore- und Wind Offshore-Anlagen." S. 48. Also ohne Biomasse, u.a.

Verbraucher V2. Die neue Verbrauchergruppe E-Auto

E-Autos werden in den kommenden Jahren den großen Bedarf an Strom anmelden. Im Zuge der Energiewende werden weitere Verbraucher, wie Wärmepumpen oder Wasserstoff-Elektrolyse-Anlagen dazukommen.

4.5 EE-Strom und E-Auto. Keine Ursache-Wirkungsbeziehung!

Wenn in einem Jahr in einer Gegend die Storchenpopulation um ein Prozent zugenommen hat und gleichzeitig die Zahl der neugeborenen Babys ebenfalls um ein Prozent gestiegen ist, heißt das nicht, dass das eine mit dem anderen zu tun hat.

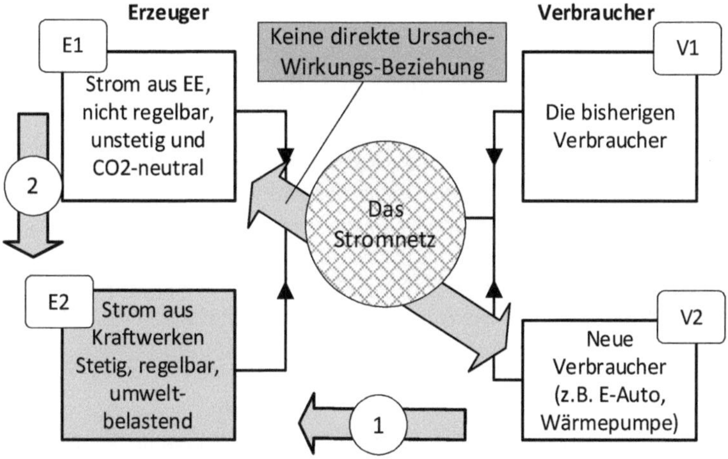

Ebenso wenig würde ein Zuwachs an EE-Strom unmittelbar den Strombedarf einer wachsenden Zahl an E-Autos steigen lassen. Auch wird eine steigende Zulassung von E-Autos den Verbrauch an EE-Strom nicht steigen lassen (der Fossilstrom wird steigen). Es besteht kein physikalischer Zusammenhang zwischen Erzeuger E1 und Verbraucher V2.

Anders formuliert: Führt das Herstellen von mehr EE-Strom zu mehr E-Autos auf unseren Straßen? Nein. Andere Wirkungsrichtung: Führt die

Verbreitung von mehr E-Autos zu mehr EE-Strom. Auch hier ist die Antwort „Nein".

Wenn die Zahl der Storchenpaare in einer Region steigt und gleichzeitig auch mehr Kinder geboren werden, gibt es zwar eine Korrelation, aber keinen kausalen Zusammenhang zwischen beiden Ereignissen. Wenn in einem Jahr 1 TWh mehr Strom aus Erneuerbaren Energien erzeugt wird und gleichzeitig 1 TWh mehr Strom in E-Autos verbraucht wird, gibt es keinen Grund anzunehmen, dass es sich um eine Ursache-Wirkungsbeziehung handelt. Es gibt keine Beziehung, weder in der einen, noch in der anderen Richtung. Beispielsweise kann sich die Erzeugung an EE-Strom verzehnfachen, ohne dass ein neuer Verbraucher ans Netz geht. Ebenso kann sich die Zahl der E-Autos verzehnfachen, ohne dass der Strom aus Erneuerbaren auch nur um eine kWh steigt. Zwischen beiden Größen besteht keine Ursache-Wirkungsbeziehung. Es gibt keine Kausalität zwischen diesen beiden Größen.

4.6 Regelbare vs. nicht-regelbare Variablen

Die Beziehung UV1 (EE) auf AV (Fossilstrom / Emissionen durch Fossilkraftwerke) ist regelbar, ebenso Beziehung zwischen UV2 (Strom für E-Auto) und AV (CO2-Emissionen).

Die AV (Fossilstrom) ist regelbar. Entsprechend ändern sich die Emissionen in Abhängigkeit von ein oder mehreren UV.

- Runterregeln: V1 und V2 benötigen den vielen EE-Strom nicht > E2 Fossilstrom wird runtergeregelt
- Hochregeln: V1 und V2 bekommen zu wenig Strom > E2 Fossilstrom wird hochgeregelt

Nicht regelbar ist die Beziehung zwischen UV1 und UV2.

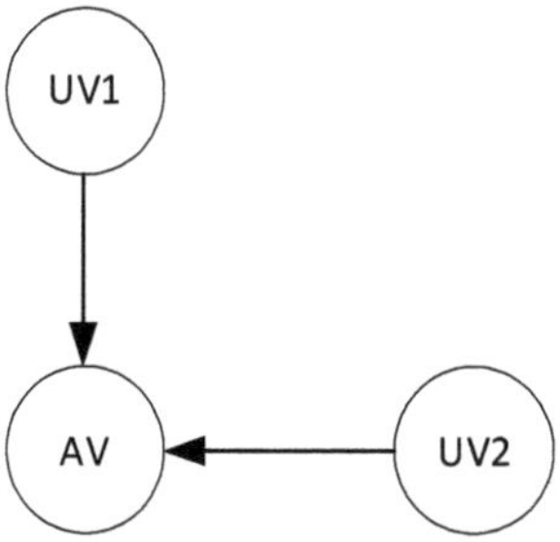

Mehr EE-Strom führt nicht zu mehr E-Auto. Mehr E-Autos führt nicht zu mehr EE-Strom. (keine kausale Beziehung).

4.7 Fall 1: E-Autos brauchen Strom

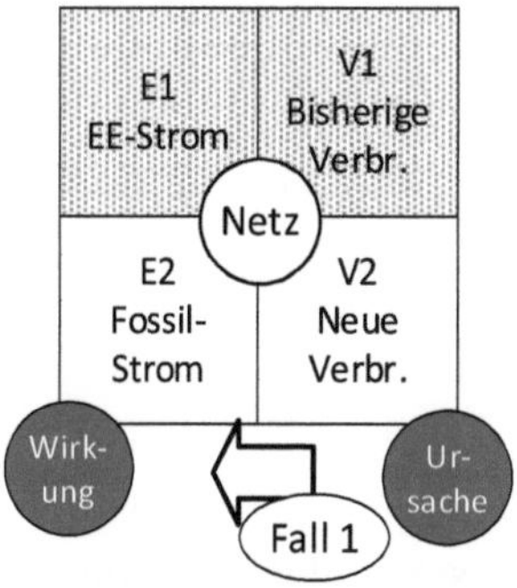

Der Pfeil stellt die Ursache – Wirkung-Beziehung dar: Verbraucher 2 (E-Auto) braucht mehr Strom, Erzeuger 2 (Fossilkraftwerk) liefert. Diese Beziehung funktioniert nur in dieser Richtung. Also wird eine Erhöhung der Stromerzeugung durch fossile Kraftwerke keine Verbrauchserhöhung zur Folge haben.

Für das E-Auto als neue Verbrauchergruppe muss zusätzlich Strom erzeugt werden. Bei einer periodenbezogenen Betrachtung, z.B. für ein Jahr, ist zu ermitteln, wie viel mehr Strom erzeugt wird.

Ergebnis: Die neue Verbrauchergruppe wird mit Fossilstrom versorgt werden. Dadurch steigen die CO2-Emissionen der Kraftwerke mit einem Emissionsfaktor von rund 1.000 g/kWh.

Die Anwendung für Strom, nämlich für den motorisierten Individualverkehr, gab es vor dem E-Auto nicht. Es ist eine neuartige Anwendung, die vorher nicht existent war. Jetzt ist sie da und verursacht Emissionen. Wäre sie nicht da, würde sie keine Emissionen verursachen. Fossilstromkraftwerke können diesen Zusatzstrom liefern, Erneuerbare Quellen können - wegen mangelnder Regelbarkeit - nicht liefern.

Das ist im folgenden Schaubild veranschaulicht. Im Jahr 1 sind noch keine E-Autos in Betrieb, im Jahr 2 schon. Dadurch entstehen ein zusätzlicher Strombedarf und zusätzliche CO2-Emissionen in den fossilen Kraftwerken.

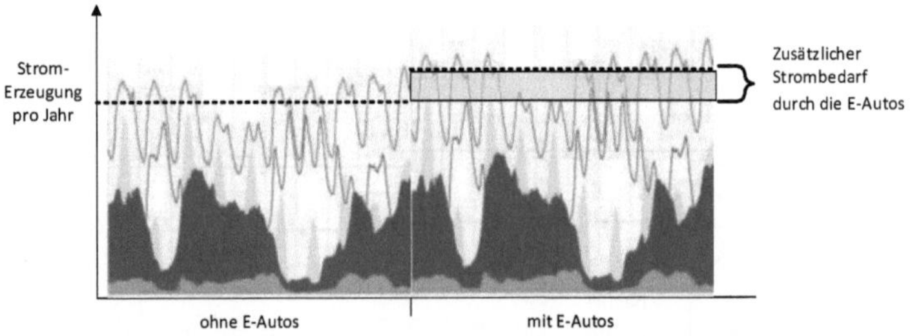

Im Zuge der Dekarbonisierung werden weitere Verbrauchergruppen erheblichen Strombedarf anmelden. Zukünftig sollen Sektoren wie Stahl und Chemie elektrifiziert sowie Wasserstoff mit Elektrolyse hergestellt werden. Solange die Stromversorgung nicht vollständig klimaneutral ist, wird das den fossilen Stromverbrauch und somit auch die Emissionen erhöhen.

4.8 Fall 2: EE-Strom verdrängt Fossilstrom

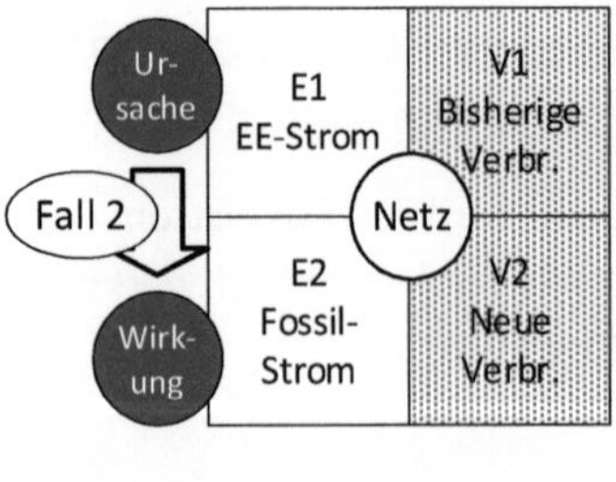

Der Pfeil zeigt die Ursache – Wirkung-Beziehung: Erzeuger 1 (EE-Strom) nimmt zu, Erzeuger 2 (Fossilkraftwerk) reduziert seine Erzeugung. Auch hier funktioniert die Beziehung nur in dieser einen Richtung. Eine Reduktion der Stromerzeugung durch fossile Kraftwerke wird keine Steigerung der Erzeugerleistung durch E 1 (EE-Strom) bewirken.

Die Erneuerbaren Energien haben ihre Leistung erhöht. In diesem Fall wird mehr EE-Strom ins Netz eingespeist, während der fossile Stromverbrauch entsprechend reduziert wird. Solarpanels und Windräder liefern mehr ins Netz und die Fossilkraftwerke reduzieren ihre Einspeisung ins Netz.

Was ist mit den Emissionen? Wird Strom von Erneuerbarer Energien ins Netz eingespeist, wird Fossilstrom mit einem CO2-Emissionsfaktor von rund 1 kg/kWh verdrängt. Jedes kWh senkt die Emission um 1 kg CO2. Der CO2-Emissionsfaktor sinkt ebenfalls.

Ergebnis: Die CO2-Emissionen sinken.

4.9 Fossilstrom zurückdrängen oder E-Autos betreiben?

Neuer Strom von Erneuerbaren Energien kann Fossilstrom zurückdrängen oder E-Autos betreiben, aber nicht beides gleichzeitig. Jede Einheit EE-Strom kann für zwei unterschiedliche Zwecke verwendet werden.

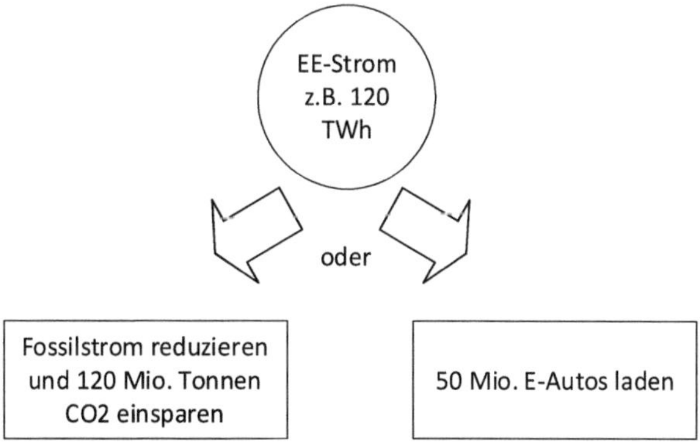

Um das Ziel der Klimaneutralität näher zu kommen, kommt es nicht darauf an, wie viele E-Autos zusätzlich in Betrieb genommen werden, sondern wie viel Strom aus Erneuerbaren Energien zusätzlich erzeugt wird.

So lange Fossilstrom im Netz ist, gibt es für zusätzlich erzeugten EE-Strom zwei Verwendungsmöglichkeiten:

- Man legt einen Verbrenner still und setzt dafür ein E-Auto in Betrieb. Dadurch sinken die Auspuffgase. Jedoch steigen die CO2-Emissionen, wenn Fossilstrom bezogen wird.
- Man betreibt den Verbrenner weiter, der weiterhin Auspuffgase ausstößt. Den Zusatzstrom speist man ins Netz und senkt dadurch die Emissionen.

Oder andersrum gedacht: Jeder, der von einem Elektroauto auf einen Verbrenner umsteigt, spart Kohle oder Gas in einem fossilen Kraftwerk ein.

4.10 Der CO2-Rucksack der Batterie

Wenn wir den CO2-Ausstoß der E-Autos nicht nur während der Nutzung, sondern auch während ihrer Herstellung und Entsorgung in Betracht ziehen, verschlechtert sich ihre Klimabilanz. Denn für sie ist es auch entscheidend, woher die für die Herstellung der Batterien benötigte Energie stammt und wie viel CO2 dabei emittiert wird.[57] Die Emissionen sind hoch, wenn die Autobatterie mit einem hohen Anteil an Fossilstrom hergestellt wird, das ist beispielsweise in China, Polen oder Indien der Fall. Die Belastung ist in den von Wasserkraft dominierten skandinavischen Ländern geringer.

Eine Studie der Fraunhofer-Gesellschaft vom Februar 2022 errechnet für die Treibhausgasemissionen der Pkw-Herstellung und Entsorgung für das E-Auto höhere Wert als für den Verbrenner. Danach sind sie für

[57] Demnach generiert die Herstellung von Batterien je Kilowattstunde statt 150 bis 200 kg CO2, «nur» noch 61 bis 106 kg. https://www.energie-experten.ch/de/mobilitaet/detail/wie-stark-belastet-die-batterieherstellung-die-oekobilanz-von-elektroautos.html

den Strommix im 2020 auf die Lebenszeit eines Fahrzeugs um rund 7 Tonnen CO2 höher als für einen Benziner; für 2030 sind die CO2-Emissionen dank eines unterstellten höheren Anteils an Erneuerbaren Energien immer noch um rund 4,5 Tonnen CO2 pro Fahrzeug höher als beim Benziner.[58]

Es ist also festhalten, dass der CO2-Rucksack eines E-Autos ungefähr 5 Tonnen CO2 für die gesamte Lebenszeit beträgt. Wenn wir die höheren CO2-Emissionen des Benziners pro 100 km betrachten, sind dies bei einer angenommenen Lebensdauer von 200.000 km 25 Gramm CO2 pro km (5.000 kg / 200.000). Diese 25 Gramm pro gefahrenen Kilometer müssten bei einem Bilanzvergleich zwischen Verbrenner und E-Autos berücksichtigt werden.

[58] https://www.e-fi.de/fileadmin/Assets/Studien/2022/StuDIS_09_2022.pdf, Zahlen entnommen der Tabelle auf Seite 27

5 CO2-Emissionen der Stromerzeugung in Deutschland (2018 – 2023)

5.1 Stromerzeugung

Nettostromerzeugung in Deutschland

In den fünf Jahren von 2018 bis 2023 ist die jährliche Nettostromerzeugung in Deutschland deutlich auf ein bisher niedrigstes Niveau von 437 TWh gesunken.[59]

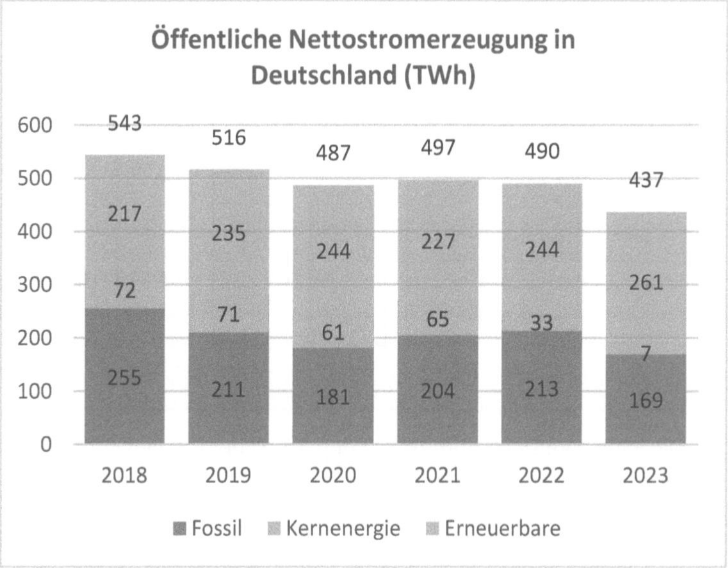

[59] Quelle: https://www.energy-charts.info/charts/energy_pie/chart.htm?l=de&c=DE&interval=year&year=2018 (und Folgejahre)

Öffentliche Nettostromerzeugung in Deutschland in TWh						
	2018	2019	2020	2021	2022	2023
Fossil	255	211	181	204	213	169
Kernenergie	72	71	61	65	33	7
Erneuerbare	217	235	244	227	244	261
Gesamt	543	516	487	497	490	437

Anteil fossilen Stroms an der Nettostromerzeugung

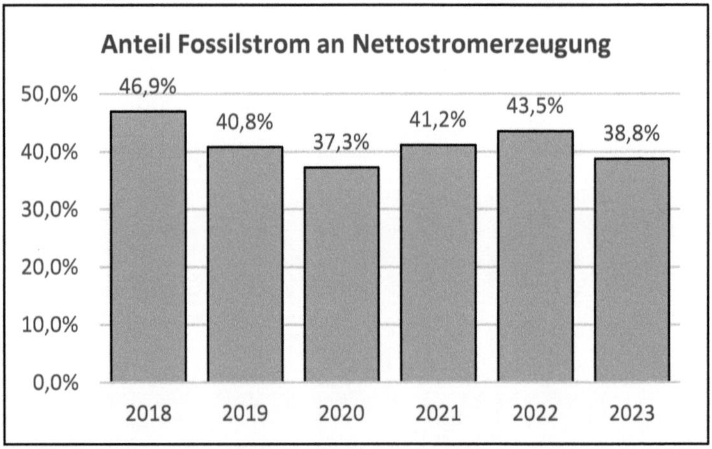

Die Säulen im Diagramm zeigen den Anteil der fossilen Energien an der Nettostromerzeugung in den Jahren von 2018 bis 2022. In diesem Zeitraum sinkt der Anteil in 2020 coronabedingt auf einen Tiefstand um anschließend wieder anzusteigen. Von 2021 bis 2022 steigt er wieder, um dann in 2023 deutlich zu sinken.

Entsprechend verändern sich über die Jahre hinweg die Emissionen.

CO2-Emissionen durch Stromerzeugung

In 2018 betrugen die CO2-Emissionen noch 271 Mio. Tonnen und sind in 2023 auf 179 Mio. gesunken.[60]

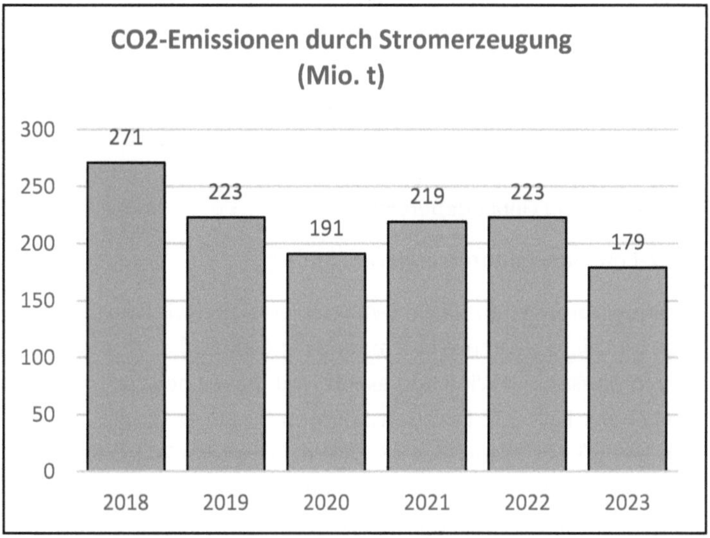

5.2 CO2-Emissionsfaktor des Stroms

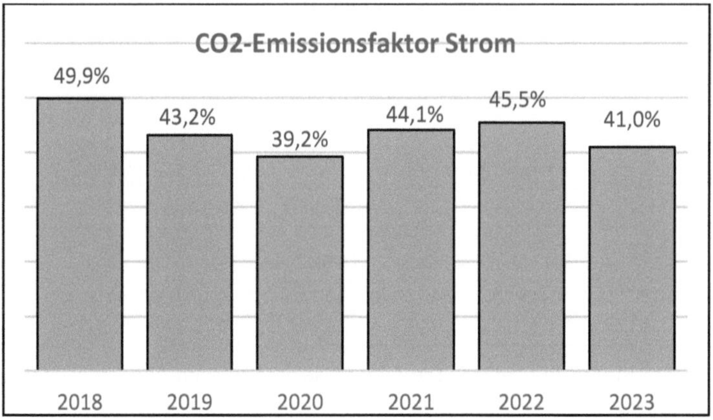

[60] Quelle: https://www.umweltbundesamt.de/themen/co2-emissionen-pro-kilowattstunde-strom-stiegen-in

Der CO2-Emissionsfaktor der deutschen Stromerzeugung sinkt ab 2018, erreicht in 2020 seinen niedrigsten Wert und steigt in den Folgejahren an.[61] In 2022 erreicht er 45,5 %. Der gestiegene Wert ist also nicht gut für die Ökobilanz der E-Autos, selbst wenn man mit der Durchschnittsansatz rechnet. Im Jahr 2023 sinkt er wieder auf 0,41 kg/kWh. Die Minderung geht auf den starken Rückgang des Kohleverbrauchs in der Stromwirtschaft zurück. Auch sanken die Emissionen zu Lasten der energieintensiven Industrie durch konjunktur- und krisenbedingte Produktionsrückgänge. Es fehlen aber noch Minderungen im Verkehrs- und Gebäudebereich.

CO2-Emissionsfaktoren anderer Länder

Einen Verbrenner durch ein E-Auto zu ersetzen, wird die CO2-Emissionen reduzieren, wenn in einem Land der elektrische Strom vorwiegend durch Wasser und Wind hergestellt wird. Das ist beispielsweise in Norwegen der Fall. CO2-Emissionsfaktoren für einige Länder in 2022: Polen 636 g/kWh, Frankreich 48 g/kWh, Schweden 20 g/kWh, Deutschland 467 g/kWh. Doch in vielen Ländern, zumal in Deutschland, steht klimaneutraler Strom (noch) nicht zur Verfügung. In Polen, wo der Strom überwiegend aus Kohle gewonnen wird, wird der Betrieb eines E-Auto negativer für das Klima sein als ein Verbrenner. Generell gilt: Solange E-Autos überwiegend mit fossilem Strom geladen (und hergestellt) werden, schaden sie dem Klima.

[61] Statistische Bundesamt. Die Zahlen, die dort genannt sind, unterscheiden sich geringfügig, aber bestätigen den im Diagramm dargestellten Trend. https://de.statista.com/statistik/daten/studie/38897/umfrage/co2-emissionsfaktor-fuer-den-strommix-in-deutschland-seit-1990/ // https://www.umweltbundesamt.de/themen/co2-emissionen-pro-kilowattstunde-strom-stiegen-in

6 Szenario 1. Eine Mio. Verbrenner werden von 2023 bis 2024 gegen E-Autos getauscht

6.1 Beschreibung des Szenarios

Zum Stichtag 1. Januar 2023 wurde die Ein-Millionenmarke von batterieelektrischen Pkw in Deutschland überschritten. Doch werden die bisher schon eingesetzten vielen Milliarden an Subventionen für das E-Auto wirklich die klimaschädlichen CO2-Emissionen des Verkehrs senken?

In diesem Szenario werden von 2022 auf 2023 eine Mio. Verbrenner gegen eine Mio. E-Autos ausgetauscht. In 2023 wird so viel EE-Strom wie in 2022 erzeugt, ändert sich also nicht. Somit muss der für die E-Autos benötigte Strom gänzlich durch Fossilstrom gedeckt werden. Wie verändern sich dadurch die CO2-Emissionen?

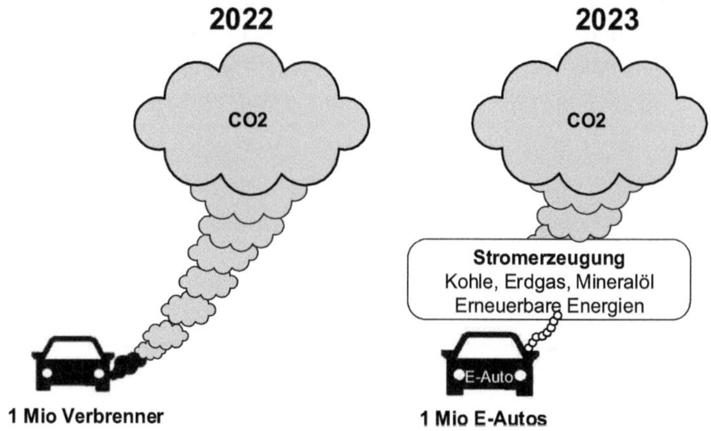

6.2 Ausgangslage

48 Mio. Verbrenner, Kraftstoffverbrauch und Emissionen in 2022

Im April 2023 waren in Deutschland 48,8 Mio. Pkw angemeldet. Im Jahr 2022 betrug die Inländerfahrleistung der Pkws 598 Milliarden Kilometer. [62] Jedes Fahrzeug legte somit im Durchschnitt rund 12.000 Kilometer zurück.

Nach einer Studie des Umweltbundesamts (UBA) aus 2020 betrugen die jährlichen Emissionen der Pkw rund 115 Mio. Tonnen CO2.[63] Dabei wurden auch die CO2-Emissionen der Vorkette berücksichtigt,[64] die schon bei der Exploration, Gewinnung und Transport der Treibstoffe anfallen („Well to Tank“). Für 2022 liegen keine Angaben vor, aber man kann davon ausgehen, dass die 48 Mio. Verbrenner-Pkw CO2-Emissionen in Höhe von ungefähr **115 Mio. Tonnen CO2** verursacht haben.

CO2-Emissionen durch 1 Mio. Verbrenner

Welche Menge CO2 wird eingespart, wenn in 2023 eine Mio. Verbrenner-Pkw weniger als in 2022 auf deutschen Straßen unterwegs sind? Die Berechnung (115/48,8 = 2,395) ergibt folgendes Ergebnis: Wenn eine Mio. Verbrenner aus dem Verkehr genommen werden, sinken dadurch die Emissionen um rund 2,4 Mio. Tonnen CO2.

[62] BMU: Klimaschutz in Zahlen 2020, S. 36
[62] https://www.kba.de/DE/Statistik/amtliche_statistik_im_kba_pdf.pdf?__blob=publicationFile&v=13
[63] UBA, CO2-Fußabdrücke im Alltagsverkehr Reihe Texte | 224/2020, Wert entnommen Tabelle S. 43
[64] Bei Diesel betragen die THG-Emissionen unter Berücksichtigung der Vorketten 3,08 kg CO2äq/l und bei Benzin 2,73 kg CO 2äq/l. https://www.isi.fraunhofer.de/content/dam/isi/dokumente/cce/2019/klimabilanz-kosten-potenziale-antriebe-pkw-lkw.pdf

Ein anderer Berechnungsansatz:

Berechnung der jährlichen CO2-Emissionen eines Verbrenners (näherungsweise)
Jährliche Fahrt 12.000 km
7 Liter Kraftstoff pro 100 km
Emissionen seien 3 kg CO2 pro Liter = 21 kg pro 100 km. Gerundet 20 kg CO2/km
12.000 km: 120 * 20 kg = 2.400 kg oder 2,4 t CO2 pro Jahr pro Fahrzeug
1 Mio. Verbrenner emittieren 2,4 Mio. Tonnen CO2.

Wir kommen zum gleichen Ergebnis: 1 Mio. Verbrenner emittieren 2,4 Mio. Tonnen CO2.

Zusätzlicher Strombedarf für 1 Mio. E-Autos

Wenn ein Diesel- oder Benzin-Auto ausgemustert und durch ein E-Auto ersetzt wird, kommt aus dessen Auspuff kein klimaschädliches CO2 mehr. Allerdings benötigen die E-Autos Strom. Anfang 2023 sind in Deutschland etwas über eine Mio. Elektroautos zugelassen.[65] Welche Strommenge wird benötigt, um in 2023 eine weitere Anzahl von 1 Mio. E-Autos mit Strom zu versorgen?

Berechnung des jährlichen Strombedarfs eines Durchschnitts-E-Autos (näherungsweise)
Jährliche Fahrleistung 12.000 km; Strombedarf 20 kWh pro 100 km (Durchschnittsverbrauch von E-Autos).
Strombedarf für ein E-Auto pro Jahr = 2.400 kWh (12.000 * 20 KWh/100)

[65] Das Kraftfahrt-Bundesamt (KBA) hat noch keine Zahlen zum Fahrzeugbestand mit Stichtag 1. Januar 2023 veröffentlicht (7.2.2023). https://www.electrive.net/2023/01/09/diw-mehr-als-1-million-elektroautos-im-bestand/#:~:text=Das%20Kraftfahrt%2DBundesamt%20hat%20noch, ergeben%20sich%201.038.731%20Elektroautos.

Ein Elektroauto, das hinsichtlich jährlicher Fahrleistung von 12.000 Kilometern, Leistung und Komfort einem herkömmlichen Auto der Mittelklasse entspricht (z. B. BMW i3, Volkswagen ID.3, Tesla Model 3), benötigt ungefähr 20 kWh auf 100 km.[66] 20 kWh auf 100 km und 12.000 km pro Jahr ergeben damit 2.400 kWh pro Auto und Jahr.

Berechnung für 1 Mio. E-Autos: 2.400 kWh * 1 Mio. E-Autos = 2.400 Mio. kWh. Für eine Mio. Fahrzeuge ergibt sich ein Strombedarf von **2,4 TWh** im Jahr.

Nettostromerzeugung in Deutschland in 2023[67] (TWh)	
Fossiler Strom	169
Atomenergie	7
Erneuerbare Energien	261
Energie gesamt	437
Durch die Stromerzeugung sind in 2023 geschätzte **179 Mio. Tonnen CO2** emittiert worden.	

In 2023 betrug der Strom aus Erneuerbaren Energien 261 TWh. Da ab April 2024 kein Strom aus Kernenergie ins Netz eingespeist wird, muss diese Strommenge durch Fossilstrom ersetzt werden. Die Menge an fossilem Strom beträgt 169 TWh. Da die Strommenge aus Erneuerbaren Quellen - entsprechend unserer Annahme - nicht erhöht wird und bei 261 TWh bleibt, muss der Ladestrom für die 1 Mio. E-Autos von fossilen Kraftwerken (Stein-, Braunkohle und Gas) kommen. Wie oben errechnet, beträgt der hierfür zusätzlich benötigte Strombedarf **2,4 TWh.**

Wie hoch sind die CO2-Emissionen für 1 Mio. E-Autos?

Wie hoch ist der CO2-Ausstoß für die Erzeugung einer Strommenge von 2,4 TWh, die für den Betrieb einer Mio. E-Autos benötigt werden?

[66] Automobilhersteller geben den Stromverbrauch ihre E-Autos meist mit Werten zwischen 15 bis 20 kWh auf 100 Kilometer an. Solche Angaben sind tendenziell „schön-gerechnet".

[67] https://www.energy-charts.info/charts/energy_pie/chart.htm?l=de&c=DE&year=2023&interval=year (10.1.2024)

Wir wissen, wie viel Nettostrom in Deutschland in 2023 erzeugt wurde (437 TWh) und wir wissen, wie viel CO2 in diesem Jahr durch die Stromwirtschaft emittiert wurde (179 Tonnen CO2). Da bei Strom aus Erneuerbaren Energien näherungsweise keine CO2-Emissionen entstehen, müssen alle CO2-Emissionen den fossilen Kraftwerken zugerechnet werden. Es ist also folgendermaßen zu rechnen: 179 Mio. Tonnen CO2 der Stromerzeugung geteilt durch 169 TWh Fossilstrom = 1,06 Mio. t CO2/TWh oder 1,06 kg CO2/kWh. Gerundet beträgt der CO2-Emissionsfaktor für Fossilstrom in Deutschland somit 1 kg/kWh oder 1.000 g/kWh. Eine andere Betrachtung bestätigt diesen Wert: Die CO2-Emissionsfaktoren bezogen auf den Stromverbrauch (g/kWh) für die fossilen Brennstoffe sind für Erdgas 399, Steinkohle 835 und für Braunkohle 1.137 Gramm/kWh.[68] Insofern dürfte der durchschnittliche CO2-Emissionsfaktor der fossilen Kraftwerke in 2022 nahe bei 1 kg/kWh liegen.

Ergebnis: Beim Erzeugen einer Strommenge von 2,4 TWh entstehen in fossilen Kraftwerken rund **2,4 Mio. Tonnen CO2** (2,4 TWh * 1 kg/KWh).

6.3 Fall 1: E-Autos laufen mit Fossilstrom

Wenn in 2023 eine Mio. Verbrenner durch eine Mio. E-Autos ersetzt werden und die Menge an EE-Strom gleichbleibt, entstehen 2,4 Mio. Tonnen CO2-Emissionen durch den zusätzlich benötigten Fossilstrom. Unter den gegebenen Rahmenbedingungen der Stromversorgung führt der Austausch zu keiner Änderung der verkehrsbedingten CO2-Emissionen. In diesem Fall 1 sind die CO2-Emissionen in 2023 so hoch wie in 2022.

[68] https://www.umweltbundesamt.de/sites/default/files/medien/1410/publikationen/2020-04-01_climate-change_13-2020_strommix_2020_fin.pdf, Seite 16

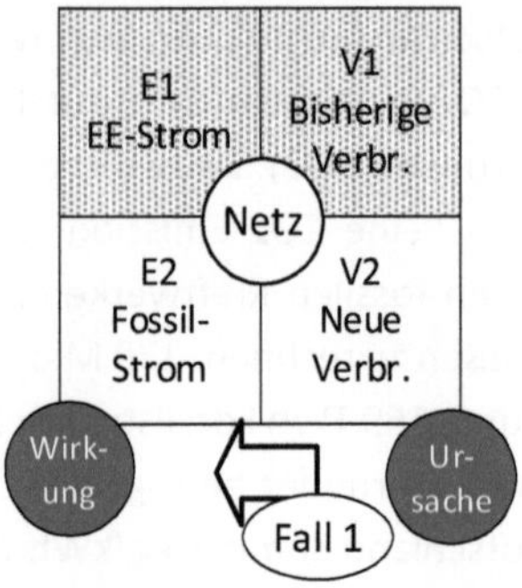

Befürworter der E-Mobilität würden nun für den Fall 1 argumentieren, dass man mit dem etwa nur halb so hohen CO2-Emissionsfaktor des Durchschnittsstroms von rund 450 Gramm/kWh rechnen muss. Aber wir sind für diesen Fall 1 davon ausgegangen, dass der Strom aus Erneuerbaren nicht gesteigert und somit der CO2-Emissionsfaktor für die fossilen Kraftwerke anzusetzen ist.

6.4 Fall 1+2: EE-Strom steigt mit Strombedarf der E-Autos

Im Fall 2 werden 1 Mio. Verbrenner stillgelegt und dadurch - wie vorher - 2,4 Mio. t CO2 eingespart. Aber jetzt nehmen wir an, dass der Strom aus Erneuerbaren Energien in 2023 gegenüber 2022 exakt um die Menge steigt, die die neu dazu gekommenen 1 Mio. E-Autos als Ladestrom benötigen. Der Strombedarf der E-Autos von 2,4 TWh wird somit gänzlich aus Erneuerbaren Energien gedeckt. EE-Strom in Höhe von 2,4 TWh macht Fossilstrom von 2,4 TWh überflüssig und reduziert damit die Emissionen um 2,4 Mio. t CO2.

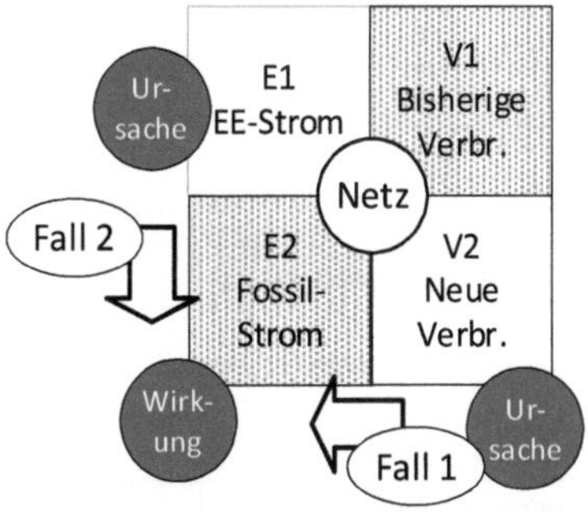

Eine Mio. Verbrenner verursachen keine CO2-Emissionen. Der für die Erzeugung des von den E-Autos benötigten EE-Stroms verursacht keine Emissionen. Man könnte nun sagen: Ziel erreicht.

Doch der Effekt ist nicht dem Austausch der Verbrenner durch E-Autos zu verdanken, sondern allein dem in 2023 zusätzlich erzeugten EE-Strom. Denn wären die Verbrenner in 2023 weiter in Betrieb und es gäbe keine E-Autos, aber der EE-Strom wäre in 2023 gegenüber 2022 2,4 TWh gestiegen, hätten wir im Saldo auch eine CO2-Einsparung von 2,4 Mio. Tonnen CO2. Das wäre die Menge, die jetzt nicht mehr aus den fossilen Kraftwerken emittiert würde.

Ein verstärkter Ausbau erneuerbarer Energien in der Stromwirtschaft ist zentraler Bestandteil der Energiewende. Mehr Strom wird aus Windrädern, Photovoltaikanlagen und anderen erneuerbaren Quellen stammen, wodurch die Stromerzeugung klimafreundlicher und emissionsärmer wird. Wir werden diese möglichen Entwicklungen in den folgenden Szenarien genauer betrachten.

6.5 Ergebnis im Überblick

Fälle	Situation	CO2-Emissionen
Ausgangssituation in 2022	1 Mio. Verbrenner fahren in 2022	2,4 Mio. t CO2
Fall 1	1 Mio. E-Autos fahren mit Fossilstrom in 2023	2,4 Mio. t CO2
Fall 1+2	1 Mio. E-Autos fahren mit EE-Strom in 2023	0 t CO2

Solange der Betrieb der E-Autos - wie im Fall 1 - auf die Versorgung mit Fossilstrom angewiesen ist, erbringt ein Austausch von Verbrennern durch E-Autos keine CO2-Einsparung. Wenn dagegen – wie im Beispiel Fall 1+2 - der Strombedarf der E-Autos durch Strom von Erneuerbaren Energien gedeckt wird, entstehen rechnerisch keine CO2-Emissionen.

7 Szenario 2. 15 Mio. Verbrenner werden von 2022 bis 2030 gegen E-Autos getauscht

7.1 Beschreibung des Szenarios

Die Bundesregierung möchte die Emissionen des Verkehrssektors von 150 Mio. Tonnen CO2 im Jahr 2020 auf 85 Mio. Tonnen CO2 im Jahr 2030 senken. Ungefähr 60 Prozent der Sektor-Emissionen sind dem Pkw-Verkehr zuzurechnen. Die CO2-Emissionen der Pkws sollen durch den Ausbau der Elektromobilität reduziert werden. Nach dem Koalitionsvertrag der Ampelregierung vom Dezember 2021 sollen bis Ende 2030 15 Mio. vollelektrische Pkw auf deutschen Straßen fahren. Dafür müssen in den nächsten Jahren jährlich ungefähr 2 Mio. E-Autos neu zugelassen werden. Also eine sehr ambitionierte Zielsetzung.[69] Ob dieses anspruchsvolle Ziel erreicht werden kann, ist noch nicht absehbar.

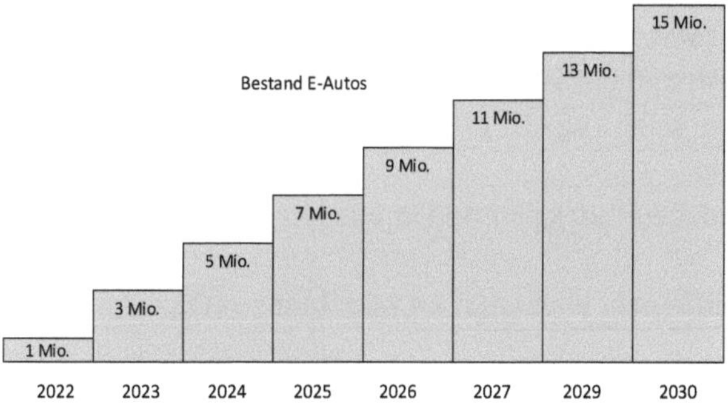

Das Bild zeigt, wie sich der Zuwachs an E-Autos bis 2030 im günstigen Fall entwickeln könnte.

[69] *"Das Umweltbundesamt stellt fest, dass durch Effizienz und Elektrifizierung für Pkw und leichte Nutzfahrzeuge die Treibhausgasemissionen des Verkehrs in Summe im Jahr 2030 um rund 13 bis 15 Mio. Tonnen CO2-Äq. gesenkt werden."* UBA, Klimaschutzinstrumente im Verkehr, 15.3.2023

Wir fragen, wie sich die CO2-Emissionen verändern, wenn 15 Mio. Verbrenner durch 15 Mio. E-Autos ersetzt werden. Dabei berechnen wir die Veränderungen für zwei unterschiedliche Annahmen.

- Im Fall 1 gehen wir für die Berechnung davon aus, dass der Strombedarf für die 15 Mio. E-Autos vollständig durch Fossilstrom gedeckt wird.
- Im Fall 2 gehen wir davon aus, dass der für die 15 Mio. E-Autos benötigte Strom vollständig durch EE-Strom gedeckt wird.

7.2 Ausgangslage

Wie hoch sind die Emissionen durch 15 Mio. Verbrenner?

Wir verwenden zur Berechnung der CO2-Emissionen den Ansatz von Szenario 1:

<u>Berechnung der jährlichen CO2-Emissionen eines Verbrenners (näherungsweise)</u>
Jährliche Fahrt 12.000 km
7 Liter Kraftstoff pro 100 km
Emissionen seien 3 kg CO2 pro Liter = 21 kg pro 100 km. Gerundet 20 kg CO2/km
12.000 km: 120 * 20 kg = 2.400 kg oder 2,4 t CO2 pro Jahr pro Fahrzeug
1 Mio. Verbrenner emittieren 2,4 Mio. Tonnen CO2.

Wenn eine Mio. Verbrenner aus dem Verkehr genommen werden, sinken die Emissionen um rund 2,4 Mio. Tonnen CO2. Für 15 Mio. Verbrenner errechnet sich somit eine Reduktion von **36 Mio. Tonnen CO2** (15 * 2,4).

Strombedarf der 15 Mio. E-Autos

Ein E-Auto benötigt 2.400 kWh Strom pro Jahr.

Eine Mio. E-Autos benötigen 2,4 TWh; 15 Mio. E-Autos benötigen 36 TWh (2,4 MWh * 15 Mio.).

CO2-Emissionen von 15 Mio. E-Autos

Der durchschnittliche CO2-Emissionsfaktor der fossilen Kraftwerke in 2022 liegt bei 1 kg/kWh (siehe Berechnung im vorherigen Szenario).

Ergebnis: Beim Erzeugen einer Strommenge von 36 TWh entstehen in fossilen Kraftwerken rund **36 Mio. Tonnen CO2** (36 TWh * 1 kg/KWh).

7.3 Fall 1: E-Autos laufen mit Fossilstrom

Das nachfolgende Diagramm vergleicht die Veränderungen bei der Stromwirtschaft von 2022 zu 2030 durch den Zusatzbedarf an Strom durch die 15 Mio. E-Autos.

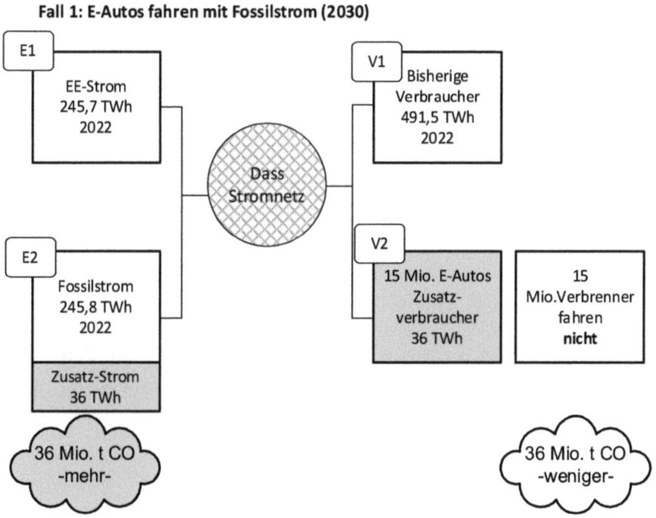

Wenn die E-Autos mit Fossilstrom geladen werden, entstehen dabei CO2-Emissionen, die genauso hoch sind wie für die 15 Mio. Verbrenner. Man hätte also für das Klima gar nichts erreicht. Für das Klima wäre bei dieser Stromversorgung die Art des Antriebs gleichgültig.

7.4 Fall 1+2. E-Autos laufen mit EE-Strom

Der von E-Autos benötigte Strom wird aus Erneuerbaren Quellen gedeckt. Der EE-Strom steigt von 245,8 TWh in 2022 um 36 TWh auf 281,8 TWh in 2030. Die stillgelegten 15 Mio. Verbrenner stoßen kein CO2 aus. Für die jetzt laufenden E-Autos entsteht unter diesen Annahmen kein CO2.

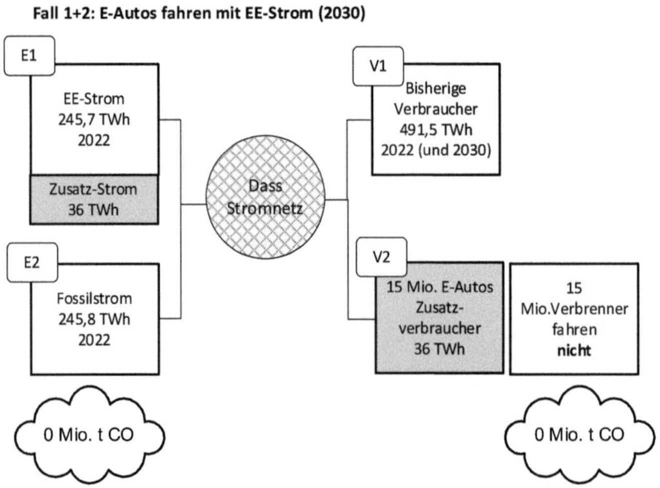

Die CO2-Emissionen für die 15 Mio. Fahrzeuge sind null. Wir haben in diesem Fall eine CO2-Einsparung von 36 Mio. Tonnen gegenüber der Ausgangssituation.

7.5 Fall 2: Keine E-Autos, aber EE-Strom steigt um 36 TWh in 2030

Wir gehen davon aus, dass 15 Mio. Verbrenner weiterfahren, keine E-Autos eingesetzt werden, aber die Stromeinspeisung aus Erneuerbaren Energien um 36 TWh wächst. Dieser EE-Strom verdrängt den Strom aus den fossilen Kraftwerken um diesen Betrag. Damit sinken deren Emissionen. Bei dem angenommenen CO2-Faktor von 1 kg/kWh genau um 36 Mio. Tonnen CO2.

Fall 2: 36 TWh EE-Strom, Verbrenner fahren (2030)

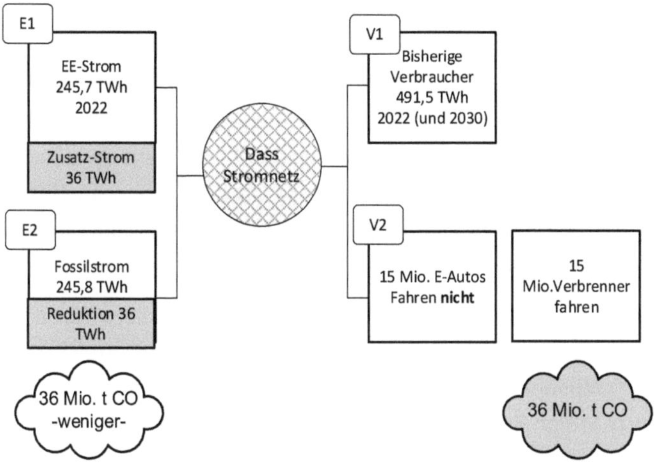

Im Stromnetz gibt es CO2-Einsparungen, aber die 15 Mio. Verbrenner stoßen nach wie vor 36 Mio. t CO2 aus.

7.6 Ergebnisse im Überblick

Fälle	**Situation**	**CO2-Emissionen**
Ausgangssituation in 2022	15 Mio. Verbrenner fahren in 2022	36 Mio. t CO2
Fall 1	15 Mio. E-Autos fahren mit Fossilstrom in 2030	36 Mio. t CO2
Fall 1+2	15 Mio. E-Autos fahren und EE-Strom von 36 TWh kommt ins Netz in 2030	0 t CO2
Fall 2	15 Mio. Verbrenner fahren und EE-Strom von 36 TWh kommt ins Netz in 2030	0 t CO2

Das ist ein interessantes Ergebnis. Sowohl im Fall 2 als auch im Fall 1+2 werden in 2030 für die 15 Mio. Fahrzeuge im Saldo eine Null-Emission erreicht. Intuitiv würde man davon ausgehen, dass nur im Fall 1+2 die CO2-Emissionen auf null reduziert werden. Für die kombinierte Betrachtung Stromwirtschaft und Verkehr ist es bei der - zugegebenermaßen vereinfachten - Analyse entscheidend, wie viel Strom aus Erneuerbaren Energien in das Stromnetz eingespeist wird. Wenn E-Autos ausschließlich mit EE-Strom fahren, ist ihre Klimabilanz verständlicherweise positiv. Wenn gleichzeitig Fossil- und EE-Strom im Netz sind, wird die korrekte Berechnung der CO2-Emissionen eines Fahrzeugs methodisch schwieriger.

Allerdings ist beim gegenwärtigen Stand der Dinge kaum davon auszugehen, dass das angestrebte Ziel von 15 Mio. E-Autos erreicht werden wird. 8 Millionen bis 2030 sind vielleicht realistisch, sagt Automobil-Experte Stefan Bratzel. Bis 2030 sei mit einem Bestand von 7 bis 8 Millionen Stromern zu rechnen, also nur halb so viel wie von der Regierung geplant.[70]

[70] https://www.welt.de/wirtschaft/article247042372/E-Auto-Bundesregierung-verfehlt-Ziel-von-15-Millionen-E-Autos-bis-2030-Realitaetscheck-notwendig.html

8 Szenario 3. 50 Mio. Verbrenner werden von 2022 bis 2045 gegen E-Autos getauscht

8.1 Der Übergang vom Verbrenner zum E-Auto

Ausgehend von der Situation in 2022 untersuchen wir, wie der Übergang des Pkw-Verkehrs in Deutschland Verbrenner zum E-Auto hinsichtlich der CO2-Emissionen aussehen könnte.

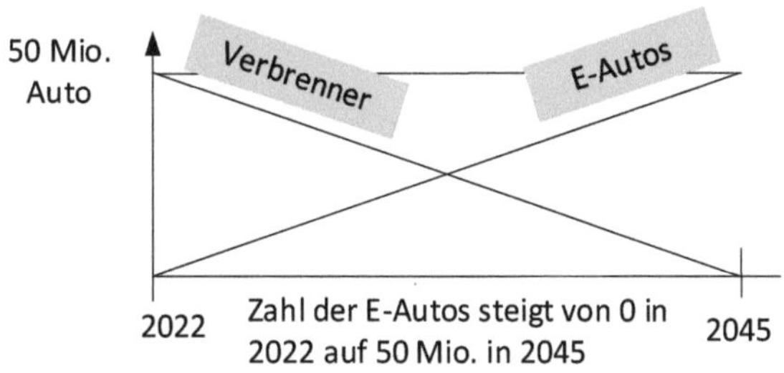

Wir betrachten den Übergang mit etwas vereinfachten Zahlen. In 2022 gibt es 50 Mio. Verbrenner, die bis 2045 vollständig gegen E-Autos ausgetauscht werden. Wir berechnen anhand von Modellannahmen die CO2-Emissionen für drei Fälle.

- Fall 1: **Die E-Autos laufen mit Fossilstrom.** Der im Zeitverlauf steigende Strombedarf der E-Autos wird gänzlich mit zusätzlichem Fossilstrom gedeckt.
- Fall 1+2: **Immer mehr EE-Strom für immer mehr E-Autos**. Die 50 Mio. Verbrenner werden schrittweise von 2022 bis 2045 durch E-Autos ersetzt.
- Fall 2: **Keine E-Autos, aber mehr EE-Strom.** Die Verbrenner fahren weiter und werden <u>nicht</u> gegen E-Autos ausgetauscht. Der EE-Strom steigt um 120 TWh in 2045.

Wie verändern sich die CO2-Emissionen in diesen Fällen?

8.2 Ausgangslage. Verbrenner und E-Autos

Für die E-Autos und die Verbrenner verwenden für die folgenden Berechnungen ungefähre Durchschnittswerte.

Wie hoch sind die CO2-Emissionen von 50 Mio. Verbrennern

Berechnung der jährlichen CO2-Emissionen eines Verbrenners (näherungsweise)

Jährliche Fahrleistung 12.000 km; 7 Liter Kraftstoff pro 100 km

Emissionen etwa 3 kg CO2 pro Liter = 21 kg pro 100 km. Gerundet 20 kg CO2/km

12.000 km: 120 * 20 kg = 2.400 kg oder 2,4 t CO2 pro Jahr pro Fahrzeug

1 Verbrenner emittiert jährlich 2,4 Tonnen CO2.

50 Mio. Verbrenner emittieren jährlich 120 Mio. Tonnen CO2.

Strombedarf für die 50 Mio. E-Autos

Für die folgenden Berechnungen gehen wir für die E-Autos von folgenden Durchschnittswerten aus.

Berechnung des jährlichen Strombedarfs eines Durchschnitts-E-Autos (näherungsweise)

Jährliche Fahrleistung 12.000 km; Strombedarf 20 kWh pro 100 km (Durchschnittsverbrauch von E-Autos).

Strombedarf für ein E-Auto pro Jahr = 2.400 kWh (12.000 * 20 KWh/100)

Strombedarf für ein E-Auto pro Jahr = 2.400 kWh

Strombedarf für 50 Mio. E-Autos pro Jahr = 120 TWh.

Wir gehen vereinfachend davon aus, dass beim Betrieb eines E-Autos außer der CO2-Emissionen durch den Stromverbrauch alles andere gegenüber dem Verbrenner gleich ist (tatsächlich entstehen bei der Herstellung von E-Autos höhere CO2-Emissionen als bei Verbrennern).

8.3 Fall 1: E-Autos laufen mit Fossilstrom

Da wir für unsere Analyse annehmen, die Stromerzeugung aus Erneuerbaren Quellen bliebe bis 2045 auf dem Niveau von 2022, folgt, dass der für die E-Autos benötigte Strom von fossilen Quellen kommt.

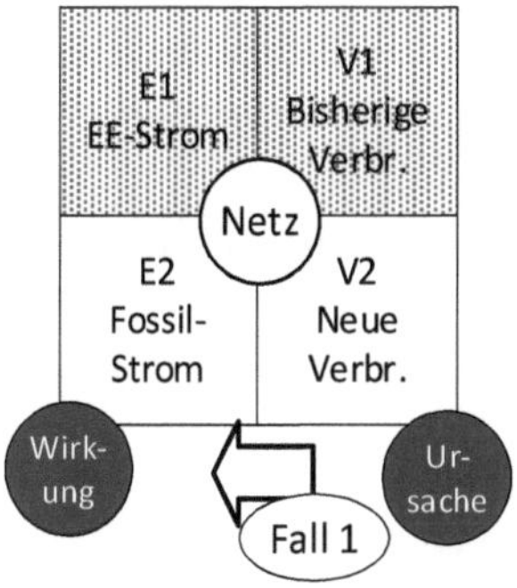

Die Jahreserzeugung von EE-Strom (E1) und der Verbrauch der bisherigen Verbraucher (V1) bleiben gleich. Die beiden konstanten Variablen sind in der Grafik grau schattiert.

Nach und nach werden im Zeitablauf die 50 Mio. Verbrenner ausgemustert und durch E-Autos ersetzt. Dadurch steigt der Bedarf der E-Autos an fossilem Strom bis zum Jahr 2045 auf jährlich 120 TWh. Das ist im folgenden Diagramm dargestellt.

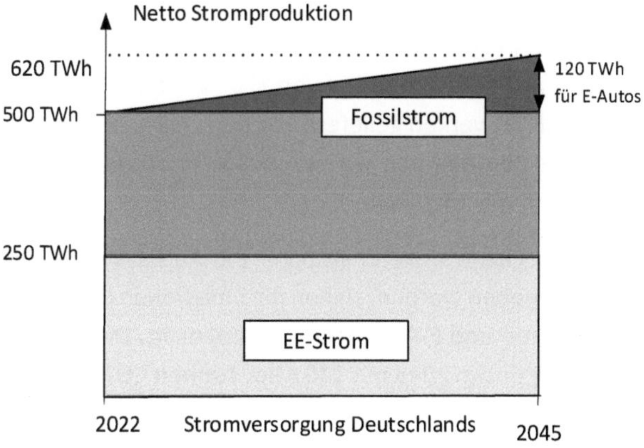

Dadurch erhöht sich die Netto-Stromproduktion und erreicht 620 TWh pro Jahr in 2045.

CO2-Emissionen der 50 Mio. E-Autos

Für die CO2-Emissionen ergibt sich folgende Entwicklung:

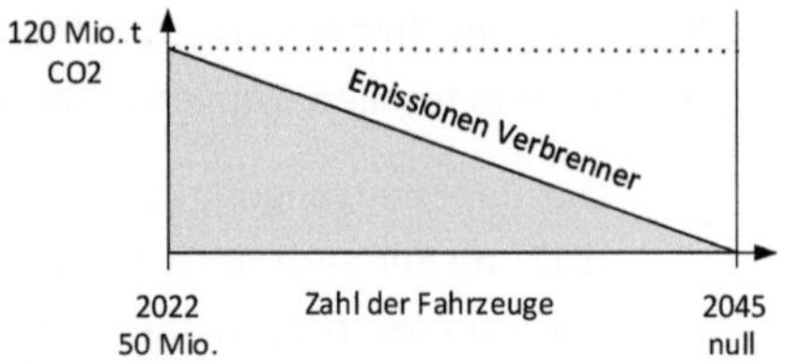

Die Zahl der Verbrenner geht von Jahr zu Jahr zurück, entsprechend fallen auch ihre CO2-Emissionen.

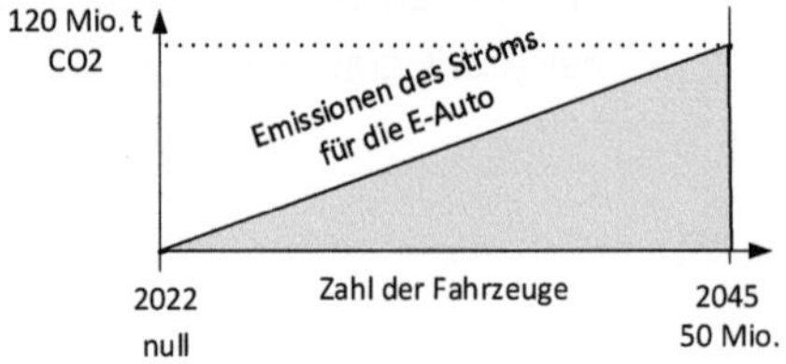

Jedoch steigt die Zahl der E-Autos, wodurch deren Emissionen in der Summe steigen.

In 2022 wurde in Deutschland Strom 249 TWh konventionell (fossil + Kernenergie) und an Erneuerbaren Energien 242,44 TWh erzeugt.[71] Wir vereinfachen und gehen davon aus, dass im Ausgangsjahr 2022 250 TWh fossil und 250 TWh von Erneuerbaren Quellen erzeugt wurden.

Die CO2-Emissionen der Verbrenner sinken von jährlich 120 Mio. Tonnen CO2 auf null. Der Strombedarf von 120 TWh für die neuen E-Autos wird von Fossilkraftwerken geliefert. Für den CO2-Emissionsfaktor des fossilen Stroms übernehmen wir von unserem Szenario 1 den (realitätsnahen) Wert von 1 kg/kWh. [72]

Solange entsprechend unserer Annahme E-Autos ausschließlich mit Fossilstrom betrieben werden, sinken die Emissionen der 50 Mio. Fahrzeuge (Verbrenner und E-Autos gemeinsam) nicht. Die Jahresemissionen der E-Autos sind in 2045 mit **120 Mio. Tonnen CO2 in 2045** so hoch wie im Jahr 2022.

[71] https://www.energy-charts.info/charts/energy_pie/chart.htm?l=de&c=DE&interval=year&year=2022

[72] Siehe Seite 55

8.4 Fall 1+2: Immer mehr EE-Strom für immer mehr E-Autos. Der Gleichschritt

Die 50 Mio. Verbrenner werden schrittweise von 2022 bis 2045 durch E-Autos ersetzt. Die EE-Erzeugung erhöht sich im Gleichschritt mit dem Strombedarf der E-Autos.

Zu Beginn der Betrachtung im 2022 wird der Strom für die E-Autos aus Fossilkraftwerken gedeckt. Die Zahl der Verbrenner sinkt jedes Jahr um rund 2 Mio. Fahrzeuge, die Zahl der E-Autos steigt jeweils um rund 2 Mio. Fahrzeuge. Für unsere Analyse gehen wir davon aus, dass so viel EE-Strom in das Stromnetz eingespeist wird, dass damit der wachsende Zusatzbedarf der E-Autos gedeckt wird.

Bei diesen Annahmen verändern sich zwei Ursachenvariablen gleichzeitig.

- Unabhängige Variable E1: Der EE-Strom steigt im Zeitraum schrittweise auf 120 TWh in 2045.
- Unabhängige Variable V2: Der Strombedarf der E-Autos steigt schrittweise auf 120 TWh in 2045.

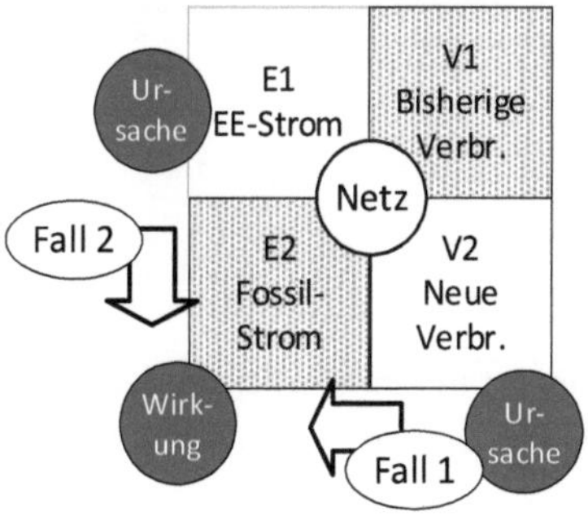

Steigender Stromverbrauch der E-Autos erhöht Fossilstrom; wachsender EE-Strom senkt Fossilstrom.

In der Summe bleibt die erzeugte Menge an Fossilstrom unverändert.

Der EE-Strom steigt in im betrachteten Zeitraum von Jahr zu Jahr bis 2045, dass damit der Strombedarf für die wachsende Zahl von E-Autos in der Periode gedeckt wird. Dabei besteht keine Ursache-Wirkungs-Beziehung zwischen den beiden Größen E1 und V2, sondern ergibt sich aufgrund unserer obigen Annahmen.

CO2-Emissionen-Verbrenner

Die CO2-Emissionen der Verbrenner zu Beginn in 2022 betragen 120 Mio. Tonnen CO2 jährlich. Nach unseren Modellannahmen scheiden jedes Jahr rund 2 Mio. Verbrenner aus, was jedes Jahr die CO2-Emissionen um 4,8 Mio. Tonnen mindert (120/23).

$$CO2 - Emissionen = 120\, Mio.t\, CO2 - \frac{120}{23} Mio.t\, CO2 * t$$

$$CO2 - Emissionen = 120\, Mio.t\, CO2 - 5{,}217 * \; Mio.t\, CO2 * t$$

Die jährlichen Emissionen der Verbrenner fallen linear von Jahr zu Jahr.

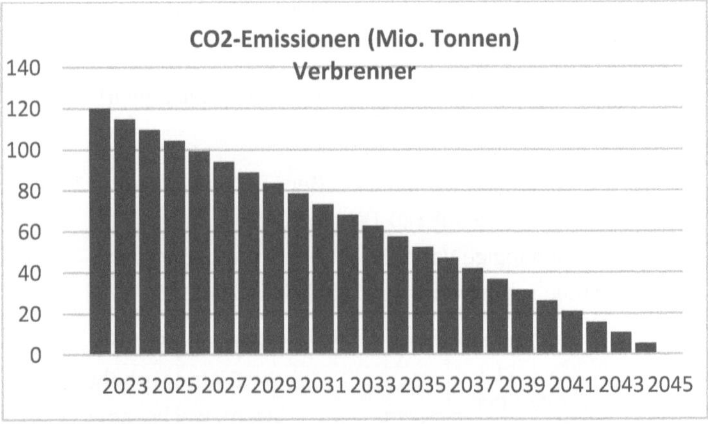

Strombedarf für die E-Autos

Der Strombedarf der E-Autos nimmt mit ihrer wachsenden Zahl linear zu und wird dann in 2045 bei einem Bestand von 50 Mio. E-Autos 120 TWh jährlich betragen.

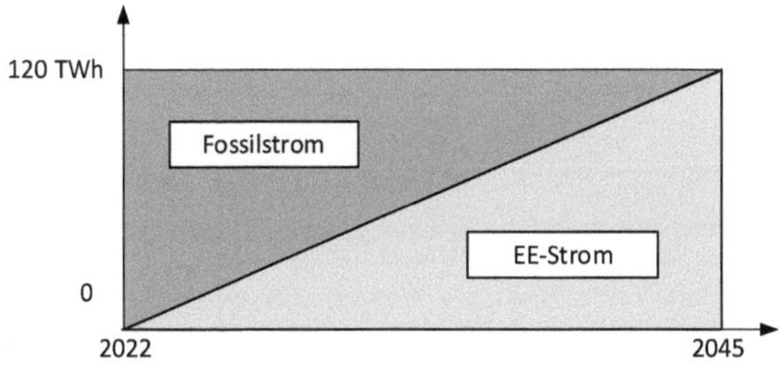

Die CO2-Emissionen der Stromproduktion für die E-Autos

Diese Emissionen verringern sich von Jahr zu Jahr und sind null in 2045.

Wie realistisch ist der Verlauf beim Fall 1+2 zu beurteilen?

Dieser Fall 1+2 beschreibt eine günstige Entwicklung für die Klimabilanz, in dem das Angebot an EE-Strom genau in dem Maß steigt, wie Strom von der wachsenden Zahl an E-Autos benötigt wird. Am Ende des Übergangs gibt es nur noch klimaneutrale Pkw. Damit wäre das Ziel einer klimaverträglichen individuellen motorisierten Mobilität erreicht. Angesichts der bisherigen Fortschritte in Richtung Klimaneutralität ist ein solcher Verlauf eher unwahrscheinlich.

8.5 Fall 2: Keine E-Autos, aber EE-Strom steigt um 120 TWh in 2045

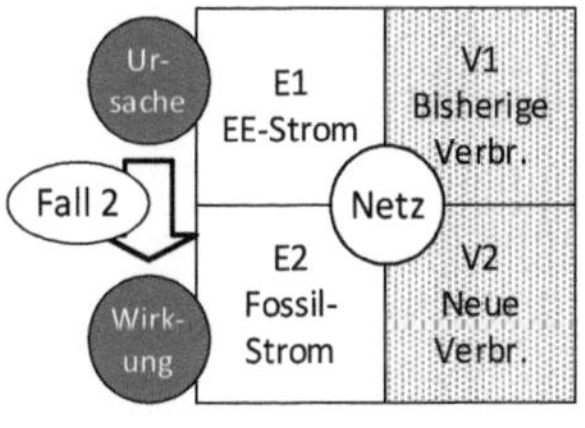

In diesem Fall 2 kommen keine E-Autos zum Einsatz und die Verbrenner blasen weiter jährlich 120 Mio. Tonnen CO2 durch den Auspuff.

Jedoch steigt der Strom aus Erneuerbaren Energien im betrachteten Zeitraum von Jahr zu Jahr mehr an. Dieser Strom aus Erneuerbarer Energie verdrängt Fossilstrom, wodurch die CO2-Emissionen der fossilen Kraftwerke sinken.

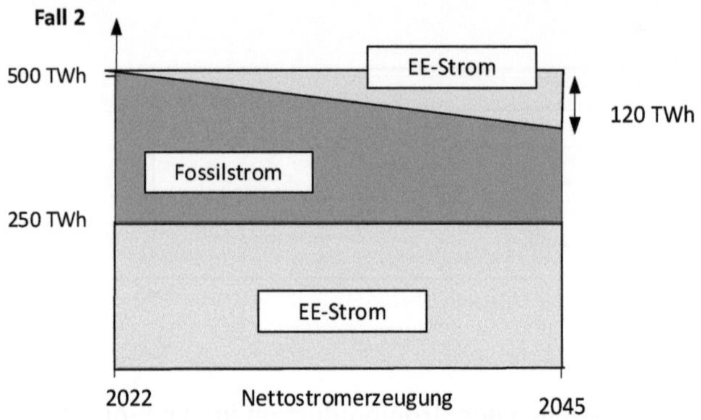

In 2045 werden im Netz jährlich 120 TWh an Fossilstrom verdrängt werden. Beim CO2-Faktor von 1 kg/kWh werden am Ende des Zeitraums die Emissionen weniger als **120 Mio. Tonnen CO2 in 2045** betragen. Durch eine Erhöhung der Strommenge von Erneuerbaren Energien werden die CO2-Emissionen reduziert, ohne dass man Verbrenner durch E-Autos ersetzt. Das klingt banal, wird aber oft vergessen.

8.6 Die Ergebnisse im Überblick

Im Jahr 2022 emittierten 50 Mio. Verbrenner 120 Mio. Tonnen CO2. Gegenüber dieser Ausgangssituation erbringen unsere Modellberechnungen folgende Ergebnisse:

Fall 1: In 2045 sind alle Verbrenner durch E-Autos ausgetauscht. Da diese mit Fossilstrom, wodurch wiederum CO2 entsteht, bleiben die CO2-Emissionen der Pkw auf dem Niveau der Ausgangssituation in 2022. Allerdings kommt das schädliche CO2 nicht mehr aus den Auspuffen der Autos, sondern aus den Schloten der fossilen Kraftwerke.

Die Emissionen der Pkw (Verbrenner + E-Autos + Strom): Keine Änderung. Sie bleiben in der Summe auf 120 Mio. t CO2.

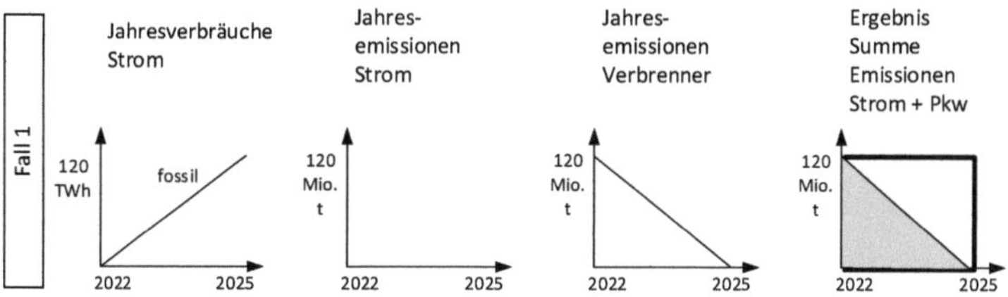

Fall 1+2: Die wachsende Zahl an E-Autos wird mit wachsendem EE-Strom versorgt.

Die Emissionen der Pkw (Verbrenner + E-Autos + Strom): Die CO2-Emissionen sinken von 120 Mio. Tonnen CO2 und erreichen null in 2045.

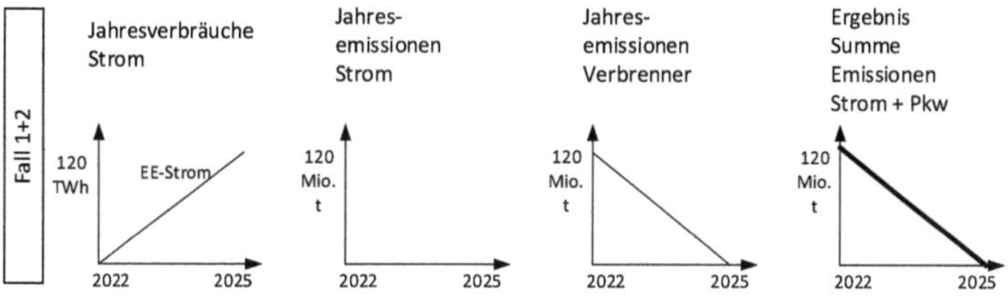

Fall 2: Bis 2045 sind weiterhin 50 Mio. Verbrenner auf den Straßen. Sie blasen weiter CO2 durch den Auspuff. Aber es steigt der EE-Strom auf 120 TWh im Jahr 2045, der den Fossilstrom in gleicher Menge verdrängt.

Die Emissionen der Pkw (Verbrenner + E-Autos + Strom): Die CO2-Emissionen sinken von 120 Tonnen CO2 und erreichen null in 2045

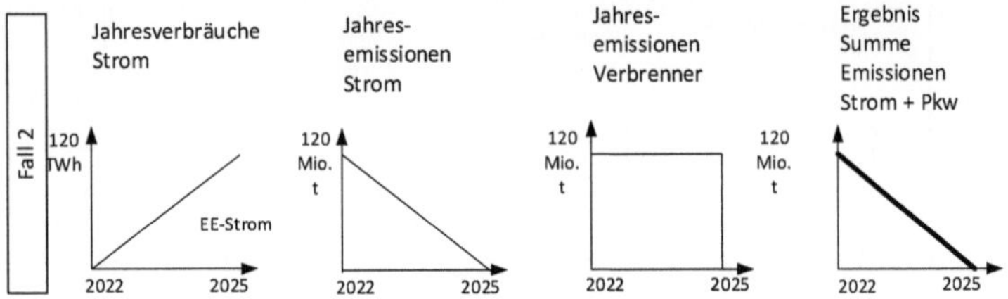

Wird in 2045 ausreichend EE-Strom erzeugt werden?

Angesichts der aktuell absehbaren Entwicklung ist es zweifelhaft, dass unsere Modellannahmen beim Pkw-Verkehr (Zahl der Fahrzeuge, Erzeugung von EE-Strom, etc.) erreicht werden. Vermutlich geht die Umstellung des Straßenverkehrs auf E-Mobilität langsamer als geplant vonstatten. Entsprechend werden vermutlich die CO2-Emissionen weniger stark sinken und das Ziel von null Emissionen wird vermutlich in 2045 nicht erreicht werden. Solange die Stromversorgung nicht gänzlich aus Erneuerbaren Quellen kommt, werden E-Autos auch nach 2045 mit Fossilstrom versorgt werden.

8.7 Wie ist das nun mit dem CO2-Emissionsfaktor?

Wir kommen zurück auf die Eingangsfragestellung. Welcher CO2Emissionsfaktor ist bei solchen Berechnungen anzusetzen? Der Durchschnittsansatz oder der Grenzansatz?

Berechnungen des CO2-Emissionsfaktors Durchschnittsstrom-Ansatz (für Fall 1+2)

Im Ausgangsjahr 2022 liefern die Fossilkraftwerke den gesamten Strom für die E-Autos. In den folgenden 23 Jahren steigt der EE-Anteil von Jahr zu Jahr und erreicht in 2045 100 Prozent.

Für die Übergangszeit berechnet sich der CO2-Emissionsfaktor nach der Formel:

$$CO2 - Emissionsfaktor = 1\ kg/kWh - \frac{1\ kg/kWh}{23} * t$$

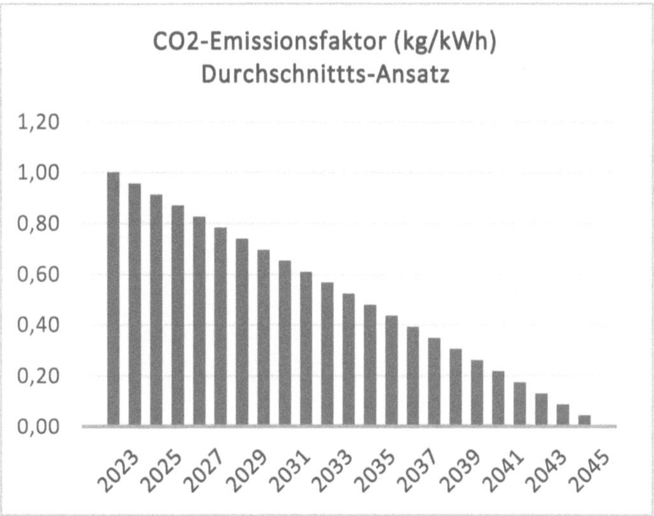

Der Emissionsfaktor sinkt linear von 1 kg/kWh auf null in 2045.

Berechnungen des CO2-Emissionsfaktors Grenzstrom-Ansatz (für Fall 1+2)

Der zusätzliche Strombedarf (Marginalstrom) für die E-Autos wird von regelbaren Stromquellen (d.h. meist fossile Kraftwerke) gedeckt. Jedes neu in den Verkehr gebrachte E-Auto erhöht den Verbrauch an Fossilstrom mit dem CO2-Emissionsfaktor 1 kg/kWh.

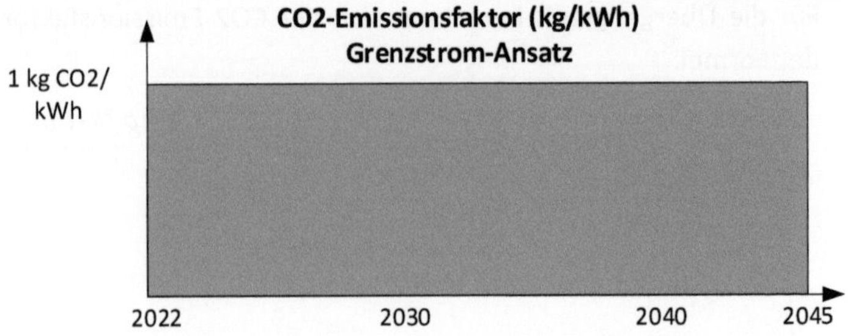

Erst in 2045 mit dem endgültigen Abschalten der Kohle- und Gaskraftwerke sinkt in unserem Modell der Emissionsfaktor auf null.

9 Neue Verbraucher benötigen mehr Strom

9.1 Klimaneutralität erfordert mehr EE-Strom

Die Dekarbonisierung der Stromwirtschaft erfordert erheblich mehr Strom aus Erneuerbaren Quellen.

In 2023 betrug der Nettostromverbrauch in Deutschland 437 TWh, wovon 169 TWh fossiler Herkunft waren. Bis 2045 muss diese Strommenge „dekarbonisiert" werden, um Klimaneutralität zu erreichen.

Nettostromerzeugung in Deutschland in 2023[73] (TWh)	
Fossiler Strom	169
Atomenergie	7
Erneuerbare Energien	261
Energie gesamt	437

Einschließlich des geringen Restbetrags für die Atomenergie werden also 296 TWh an EE-Strom benötigt (169 + 7 = 176). Für 50 Mio. E-Autos werden zusätzlich 120 TWh benötigt. Man benötigt EE-Strom in Höhe von 296 TWh (176 + 120), gerundet **300 TWh pro Jahr**. Aber das wird nicht ausreichen, denn es kommen weitere Verbrauchergruppen dazu.

Der Strombedarf neuer Verbrauchergruppen

Die Bundesregierung hat sich das Ziel gesetzt, dass die Erneuerbaren Energien die Stromerzeugung der fossilen Kraftwerke bis 2045 weitgehend ersetzt werden.

[73] https://www.energy-charts.info/charts/energy_pie/chart.htm?l=de&c=DE&year=2023&interval=year (10.1.2024)

Zukünftig werden weitere Verbrauchergruppen erheblichen Strombedarf anmelden:

- wachsende Zahl an E-Autos
- steigende Anzahl von Wärmepumpen und Power-to-Heat-Anlagen
- Wasserstoff-Elektrolyse-Anlagen
- Dekarbonisierung der Industrieprozesse
- mehr Klimaanlagen wegen Klimaerwärmung

Insgesamt ist mit einem deutlich steigenden Stromverbrauch zu rechnen.[74] Zur Abdeckung der Dunkelflauten wird man Speicher und Wasserstoff benötigen (was beides noch nicht zur Verfügung steht).

Stromnachfrage in 2045 nach Agora (ca. 1.000 TWh/Jahr)

„Im Vergleich zum Szenario „Klimaneutrales Deutschland 2050" beschleunigt sich ab 2030 die Elektrifizierung und die Produktion von erneuerbar erzeugtem Wasserstoff. Damit steigt der Strombedarf bis zum Jahr 2045 auf etwa 1.000 Terawattstunden."[75]

Zahlen des Netzentwicklungsplans (ca. 1.250 TWh/Jahr)

Durch die zunehmende Elektrifizierung des Gebäude-, Verkehrs- und Industriesektors steigt der Strombedarf weiter an. Der Netzentwicklungsplan (Stand 12.6.2023) rechnet damit, dass der Bruttostromverbrauch im Jahr 2045 auf 1.079 bis 1.303 TWh ansteigen wird.[76] Das ist mehr als eine Verdopplung des gegenwärtigen deutschen Stromverbrauchs. Sollte der Strombedarf gänzlich mit Erneuerbaren Energien

[74] https://www.netzausbau.de/Ausbaubedarf/Szenariorahmen/de.html

[75] https://www.agora-energiewende.de/fileadmin/Projekte/2021/2021_04_KNDE45/A-EW_231_KNDE2045_Langfassung_DE_WEB.pdf, S. 35

[76] https://www.netzentwicklungsplan.de/sites/default/files/2023-12/NEP%20kompakt_2037_2045_V2023_2E.pdf, Seite 3

gedeckt werden, bedeutet dies auch eine Verfünffachung der Nettoerzeugung von EE-Strom von gegenwärtig 250 TWh auf geschätzte 1.250 TWh (1.079 bis 1.303 TWh lt. Netzentwicklungsplan) in 2045.

Das ist in folgender Grafik skizziert.

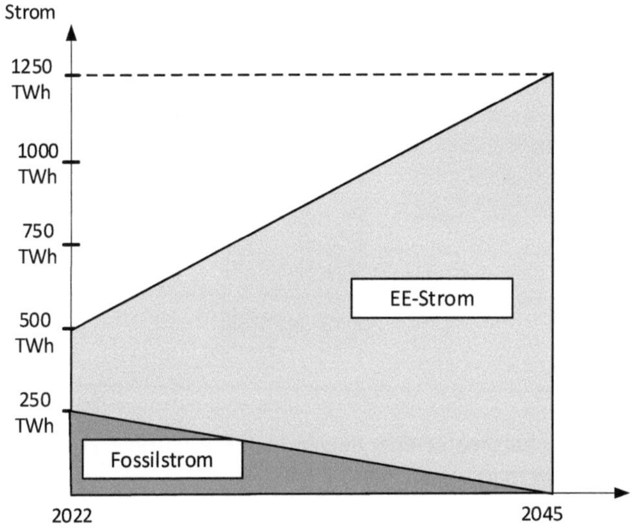

Tatsächlich soll bis 2030 der Anteil Erneuerbarer Energien an der Stromerzeugung mindestens 80 Prozent betragen, 2035 könnte das Stromsystem weitgehend klimaneutral arbeiten. Das ist eine sehr ambitionierte Zielsetzung des Bundesministeriums für Wirtschaft und Klimaschutz (BMKW).[77] Woher der Optimismus kommt, wie der zukünftig wachsende Strombedarf von Erneuerbaren Energien gedeckt werden soll, ist nicht ersichtlich. Wahrscheinlicher ist jedoch, dass auch weiterhin Strom fossil erzeugt werden wird.

[77] https://www.bmwk-energiewende.de/EWD/Redaktion/Newsletter/2023/04/Meldung/direkt-erklaert.html

Zahlen des Barometer-Energiewende (ca. 1.800 TWh/Jahr)

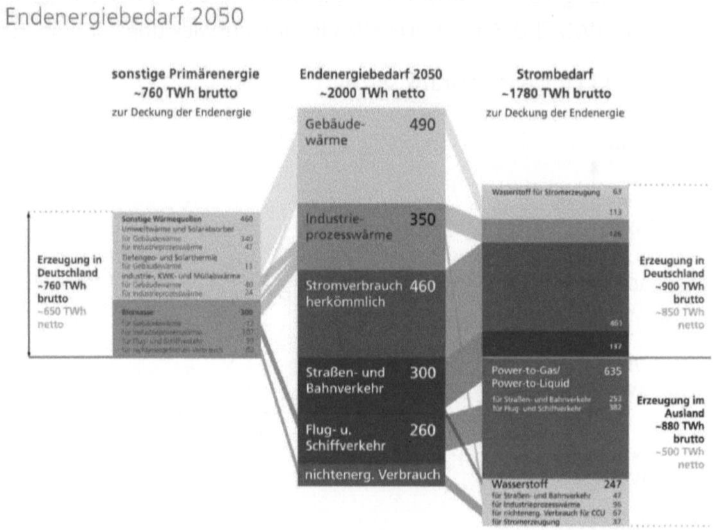

https://www.barometer-energiewende.de/de/barometer_2020/endenergiebedarf2050.html

„Der Strombedarf für Deutschland beträgt 2050 rund 1800 TWh brutto. Rund die Hälfte (900 TWh) lässt sich im Inland direkt erzeugen. Die zweite Hälfte (880TWh) wird an sonnen- und windreichen Standorten im Ausland erzeugt und für die Herstellung regenerativer Kraftstoffe genutzt.“[78]

Man darf gespannt sein, welche dieser Prognosen realisiert werden wird.

[78] https://www.barometer-energiewende.de/de/barometer_2020/energiebilanz.html

9.2 Welche Verbraucher bekommen zuerst neuen EE-Strom?

Das Ziel eines klimaneutralen Autoverkehrs ist schwierig zu erreichen. Insbesondere dann, wenn noch weitere Verbraucher einen Bedarf anmelden. Die Berechnungen für das E-Auto gelten für die neu hinzukommenden Verbraucher, z.B. Wärmepumpen etc., in gleicher Weise.

Damit keine zusätzlichen Emissionen im Stromsektor (Energiewirtschaftssektor nach Klimaschutzgesetz, KSG) entstehen, muss der zusätzlich benötigte Strombedarf aus Erneuerbaren Energien gedeckt werden.

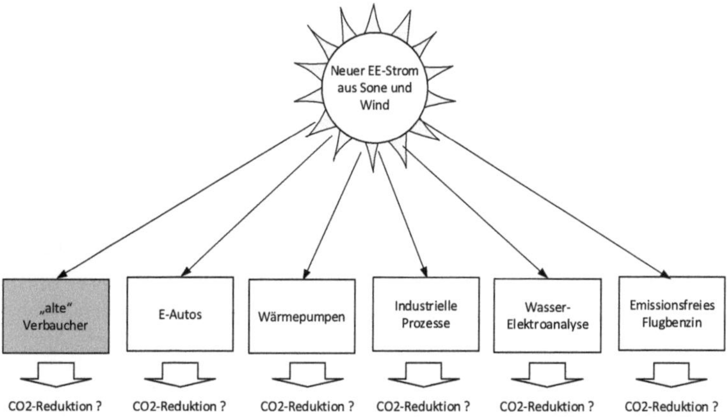

Auf Jahre hinaus wird man nicht ausreichend EE-Strom für alle Verbraucher haben. Insofern stellt sich die Frage, welche Verbrauchsgruppe prioritär mit EE-Strom versorgt werden sollte. In ähnlicher Weise kann man auch in Frage stellen, ob und welche neuen Verbrauchsgruppen überhaupt EE-Strom versorgt werden sollten, solange die „alten“ Verbraucher noch Fossilstrom beziehen. Die Höhe der Vermeidungskosten für die einzelnen Verwendungen stellt ein zentrales Kriterium bei der Auswahl dar.

9.3 Regelbare Kraftwerke werden benötigt

Mit dem Ausbau Erneuerbarer Energien steigt die Volatilität der Stromerzeugung. Um das Stromnetz bei der fluktuierenden Einspeisung von Wind- und Sonnenstrom stabil zu halten, benötigt man regelbare Kraftwerke. Das sind gegenwärtig Kohle- und/oder Gaskraftwerke, deren Generatoren die benötigte Netzfrequenz (50 Hz) stabilisieren und Stromausfälle verhindern.

Nach den Vorstellungen der BMWK sollen zunächst Gaskraftwerke mit einer Leistung von bis zu zehn Gigawatt ausgeschrieben werden. Es geht um 40 bis 60 Gaskraftwerke, was in etwa der Leistung von sieben Kernkraftwerken entspricht. Zwischen 2035 und 2038 sollen die Anlagen vollständig auf Wasserstoff umgestellt werden. Jedoch ist noch ungeklärt, woher der Wasserstoff kommen soll.

Regelbar sind hauptsächlich fossile Kraftwerke und Wasserkraft

Fossile Kraftwerke zeichnen sich dadurch aus, dass sie regelbar sind und ihre Leistungsabgabe je nach Bedarf im Netz anpassen können. Diese Flexibilität ermöglicht es, die Schwankungen der Stromnachfrage auszugleichen und das Netz stabil zu halten. Wenn beispielsweise die Nachfrage nach Strom steigt, können fossile Kraftwerke ihre Leistung erhöhen, und senken, wenn die Nachfrage sinkt.

Es ist höchst unsicher, bis wann eine vollständige Dekarbonisierung der deutschen Stromherstellung erreicht werden kann. Vermutlich werden auch bis 2045 und darüber hinaus zur Stabilisierung des Stromnetzes weiterhin fossile Kraftwerke notwendig sein. Das Stromnetz wird nicht ganz frei von Fossilstrom sein.

Welcher Anteil der Stromversorgung ist regelbar? Konventionelle Energieträger machen immer noch fast die Hälfte der Stromproduktion aus. Daneben sind auch Wasserspeicherkraftwerke und - in geringem Maß - auch Bioenergie- oder Holzheizkraftwerke regelbar und könnten prinzipiell zur Stabilisierung des Netzes eingesetzt werden. Die Hauptlast der Stabilisierung des Netzes tragen jedoch die fossilen Kraftwerke.

Solar- und Windenergie unterliegen tages- und jahreszeitlichen sowie wetterabhängigen Schwankungen. Konventionelle Kraftwerke unterliegen diesen Schwankungen nicht.[79] Regelbar ist der Strom aus fossilen Kraftwerken. Erneuerbare Energien, wie Wind- und Solarenergie, sind nicht regelbar, was zusätzliche Anpassungen im Netz erforderlich macht. Es wird gehofft, dass Wasserstoff für die Stromgewinnung eingesetzt werden kann, ist noch nicht vorhanden. Und wie das mit dem intelligenten Strommanagement funktioniert, weiß man noch nicht.

Wie viel Strom im Netz muss regelbar sein, damit das Netz stabil bleibt?

Zu bestimmten Zeiten im Tages- und Jahresverlauf (vorwiegend im Winter) gibt es zu wenig EE-Strom, zu anderen Zeiten gibt es zu viel Strom aus Wind und Sonne. Überschießende Stromspitzen müssten dann gespeichert werden. Jedoch gibt es noch keine Stromspeicher, die in nennenswertem Umfang Energie speichern könnten.

In 2030 wird ein Anteil von 80 Prozent Erneuerbarer Energien am Bruttostromverbrauch erwartet. Das heißt aber auch, dass weiterhin 20 Prozent fossiler Herkunft sein werden. Wenn der jährliche Stromverbrauch nach erfolgreicher Elektrifizierung der Haushalte und der Industrie auf Werte auf über 1.000 TWh steigt, und 20 Prozent zur Stabilisierung benötigt werden, sind das rund 200 TWh. Das ist ungefähr die Strommenge, die durch fossile Kraftwerke erzeugt wird. Fossile Stromerzeugung zur Stabilisierung des Netzes wird daher auf lange Zeit unverzichtbar bleiben.[80] Vermutlich wird man mindestens **20 Prozent** des Stroms aus regelbaren Stromquellen benötigen.

Die Hoffnung auf intelligente Stromnetze

Stromnetze müssen daher auf Techniken wie Speicherung und intelligente Netze setzen, um diese Schwankungen auszugleichen und die Zuverlässigkeit des Netzes zu gewährleisten. Um diese Volatilität aus-

---

[79] https://www.bundesrechnungshof.de/SharedDocs/Downloads/DE/Berichte/2024/energiewende-volltext.html, S. 18

[80] Rüdiger Stobbe / 05.12.2023 https://www.achgut.com/artikel/woher_kommt_der_strom_47._analysewoche_2023

zugleichen und die Zuverlässigkeit der Stromversorgung sicher zu stellen, erfordert jeder Zuwachs an EE-Strom zusätzliche Investitionen, wodurch weitere Kosten verursacht werden. Elektrofahrzeuge können eine Rolle im Stromnetz spielen, wenn sie als Teil eines intelligenten Lade- und Entlademanagementsystems betrieben werden. Ob und in welchem Maß diese Option realisiert werden kann, wird die Zukunft zeigen.

10 Folgerungen für die Klima- und Verkehrspolitik

10.1 Das E-Auto ist nur sinnvoll, wenn der Netzstrom klimaneutral ist

Jeder neue Verbraucher erhöht den Stromverbrauch aus regelbaren Quellen. Das sind überwiegend fossile Kraftwerke. Somit erhöht jede neue Verbrauchergruppe (ceteris paribus) die CO2-Emissionen. Solange die Stromversorgung nicht gänzlich von Erneuerbaren Quellen kommt, werden E-Autos als Zusatzverbraucher mit Fossilstrom versorgt.

Ob E-Autos die CO2-Emissionen des Individualverkehrs tatsächlich sinken lassen, hängt von der Art der Stromversorgung ab. Bei der gegenwärtigen Stromversorgung Deutschlands sparen E-Autos gegenüber den Verbrennern kein CO2 ein. Das wird auf Jahre hinaus so bleiben. E-Autos können erst dann zur Dekarbonisierung des Verkehrssektors beitragen, wenn ihr Ladestrom vollständig von EE-Quellen kommt. Ausnahmen gibt es nur, wenn im Netz Überspitzen durch ein Überangebot an EE-Strom auftreten, die aber größenordnungsmäßig nicht stark zu Buche schlagen (vielleicht 5 Prozent der Jahresstromerzeugung).

Solange Fossilstrom im Netz ist und die E-Autos mit Fossilstrom versorgt werden, erfolgt durch die Umstellung auf E-Autos keine CO2-Reduktion.

Die Auspuffgase der bisherigen Autos zu verdrängen und durch Emissionen von Kohle- oder Gaskraftwerken zu ersetzen ist keine Lösung. Solange noch Verbraucher mit Strom aus fossilen Kraftwerken versorgt werden, macht es keinen Sinn, zusätzliche Verbraucher ans Netz zu nehmen, da diese den Fossilstromverbrauch weiter erhöhen. Motorisierter Individualverkehr kann erst dann klimaneutral sein, wenn alle Verbrenner stillgelegt und alle E-Autos mit EE-Strom gebaut und betrieben werden. Klimaneutraler Strom wird Fossilstrom in Deutschland kaum bis 2045 vollständig verdrängen, sondern vermutlich erst Jahrzehnte später. Für das Klima ist es daher besser, die Bemühungen darauf zu richten, den Umfang der individuellen motorisierten Mobilität zu reduzieren und klimafreundlichere Formen zum Durchbruch zu verhelfen.

10.2 Zwei Ansätze staatlicher Förderung

Was bei Investitionen für mehr Klimafreundlichkeit oft vergessen wird: Ein neues E-Auto verbraucht Strom, ein neues Windrad erzeugt Strom.

Wenn der Staat überhaupt mittels Subventionen in die Wirtschaft eingreifen will, sollte es in der Wirkung effizient sein. Zwei unterschiedliche Ansätze staatlicher Förderung kommen prinzipiell in Frage:

- EE-Strom fördern, z.B. durch Subventionen. Durch diese Maßnahme wird der Bedarf an fossilem Strom gesenkt und somit auch die CO2-Emissionen
- E-Autos fördern, z.B. Subventionen für E-Autos und entsprechende Infrastruktur

Es ist effizienter, die Herstellung von EE-Strom zu fördern, statt den Verkauf und Betrieb von E-Autos.

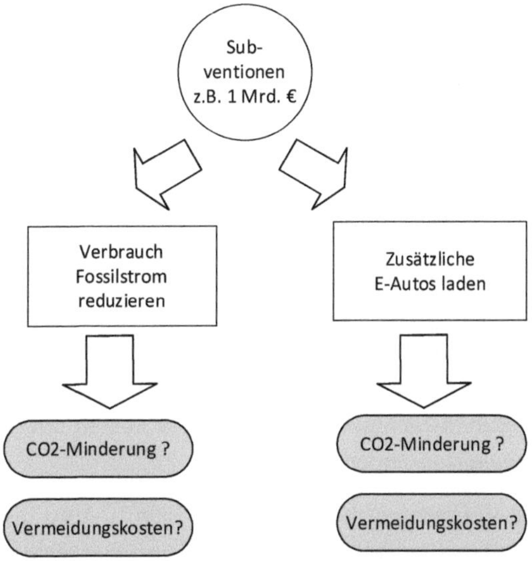

Steuergelder sind für Maßnahmen einzusetzen, die eine hohe CO2-Minderung bewirken bzw. geringe Vermeidungskosten haben. Der Schwerpunkt staatlicher Förderung für die Energiewende sollte beim Zuwachs von EE-Strom liegen, nicht bei der Förderung zusätzlicher Stromverbraucher (wie dem E-Auto).

Eine Subvention zur Erzeugung von EE-Strom erbringt weit mehr an CO2-Reduktion als die Subventionierung von E-Autos. Für den Strom gibt es bessere Verwendungen als den Ladestrom für E-Autos. Eine Förderung von E-Autos führt zu erhöhtem Stromverbrauch, der gegenwärtig durch Fossilstrom erzeugt werden muss. Es sollte also nicht der Stromverbrauch durch E-Autos, sondern das Angebot an erneuerbarem Strom gefördert werden.

10.3 Vermeidungskosten der E-Autos

Der Bundesrechnungshof fordert, dass die Bundesregierung bei ihren energiepolitischen Maßnahmen wissen müsse, was Klimaschutz kostet und wie er wirkt.[81] Sonst können Steuermittel nicht effektiv und effizient eingesetzt werden. Offenbar ist das im Fall der E-Auto-Subventionen nicht sichergestellt. Die Bundesregierung wisse eben nicht, was der Klimaschutz den Bund kostet und wie er wirkt. Um den wirksamen und wirtschaftlichen Einsatz dieser Mittel für den Klimaschutz sicherzustellen, müsse die Bundesregierung diese danach bewerten, ob sie klimafreundlich, klimaneutral oder klimaschädlich seien. Für alle im Klimaschutzbericht enthaltenen Maßnahmen sollen die Treibhausgasminderungen und der damit verbundene Mittelbedarf angeben werden. Für die Subventionen ist die Höhe der Vermeidungskosten für die Senkung der CO2-Emissionen eine ganz entscheidende Größe. Daher will der Bundesrechnungshof, dass diese Kosten offengelegt werden. Bisher seien sie zu hoch gewesen.[82]

Die CO2-Vermeidungskosten können beim E-Auto die Schwelle von EUR 1.000 pro Tonne an CO2-Emissionen übersteigen; im Emissionshandel liegen sie lediglich bei gut EUR 50 pro Tonne.[83] Aber die hohen Vermeidungskosten der E-Mobilität wurden über Jahre aus politischen Gründen schöngerechnet. Der Schwenk kam spät: Erst im Februar 2024 gab das Bundesverkehrsministerium bekannt, das Förderprogramm "Solarstrom für Elektroautos" nicht wie ursprünglich geplant zu verlängern.[84] Dies hatte aber nichts mit höherer Einsicht zu tun, sondern damit, dass das Ministerium wegen der erforderlichen Haushaltskonsolidierung die Mittel zurückfahren musste.

Dabei sind niedrige Vermeidungskosten fundamental wichtig, um die CO2-Emissionen bei limitierten Haushaltsmitteln möglichst weit senken zu können.

---

[81] https://www.bundesrechnungshof.de/SharedDocs/Downloads/DE/Berichte/2023/ergaenzungsband-2022/bemerkung-23.pdf?__blob=publicationFile&v=2

[82] Thess, André, D., Sieben Energiewendemärchen, 2020, S. 64ff.

[83] Thess, André, D., Sieben Energiewendemärchen, 2020, S. 67. Siehe auch Ruhsert, Kai, https://www.c-c-netzwerk.ch/2024/05/02/die-staatliche-plankommission-der-ddr-ist-zurueck/?lang=de

[84] https://bmdv.bund.de/SharedDocs/DE/Artikel/K/faq-ende-solarstrom-foerderung.html

10.4 Sollte man E-Autos erst bei genug EE-Strom einführen?

Ob E-Autos gut oder schlecht für das Klima sind, hängt in hohem Maß von der Art der Stromversorgung ab. Mit E-Autos sollen die Emissionen des klimaschädlichen CO2 reduziert werden. Die Ersetzung von Verbrennern durch E-Autos geht mit staatlichen und privaten Kosten einher. Um die CO2-Vermeidungskosten zu minimieren, wäre zu überlegen, E-Autos erst dann einzuführen, wenn im Netz der Fossilstrom durch Strom aus Erneuerbaren Energien ersetzt ist. Man kann also fragen, ob E-Autos staatlicherseits erst dann gefördert werden sollten, wenn die Stromversorgung vollständig auf EE-Strom umgestellt ist. Das wäre selbst bei optimistischer Annahme nicht vor 2045 oder 2050 der Fall.

Gegenwärtig werden immer noch 40 – 50 Prozent des deutschen Stroms fossil hergestellt. Daher könnte es klimapolitisch sinnvoll sein, bei den gegenwärtigen Bedingungen nicht E-Autos zu subventionieren, sondern entsprechende Mittel zur Reduktion des Fossilstroms zu verwenden.

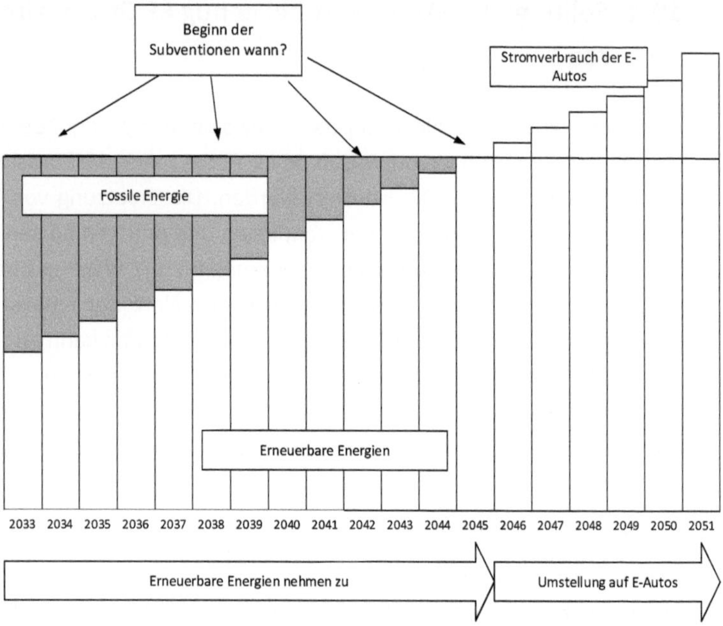

Die CO2-Reduktion durch E-Autos beginnt im Schaubild erst im Jahr 2045, wenn der Ladestrom gänzlich emissionsfrei hergestellt wird, d.h. kein Fossilstrom mehr im Netz ist. Deshalb wäre es bis zu diesem Zeitpunkt effizienter, den Zuwachs von EE-Strom zur Reduktion des Fossilstroms anstatt zum Betrieb von E-Autos zu verwenden. Allerdings kann man nicht 2045 sämtliche Verbrenner aus dem Verkehr ziehen und dann erst damit beginnen, alle durch E-Autos zu ersetzen. Aufgabe einer vorausschauenden Energiepolitik wäre es dann, den Übergang zeitlich optimal zu gestalten.

Mit deutschen E-Autos die CO2-Emissionen der Welt um 0,1 Prozent senken

Nach einem kontinuierlichen Anstieg der weltweiten CO2-Emissionen seit 1960 erreichten sie 2023 mit 36,8 Milliarden Tonnen CO2 ihr bisheriges Maximum.[85]

[85] https://www.handelsblatt.com/politik/deutschland/klimaschutz-co2-emissionen-steigen-auf-neuen-hoechstwert/100001516.html (08. September 2023)

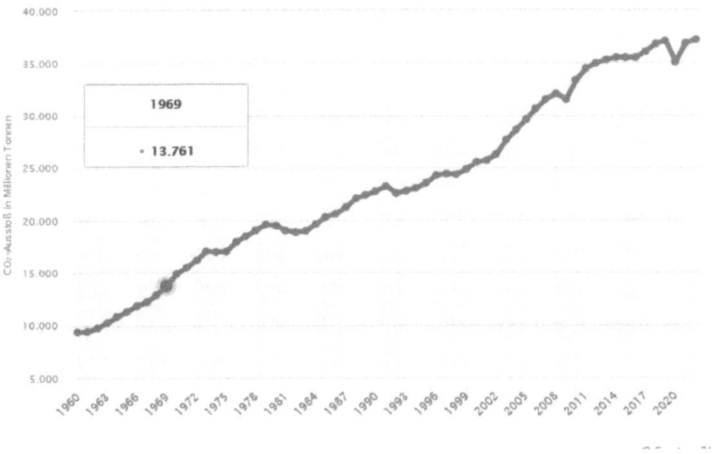

CO2-Emissionen weltweit 1960 bis 2022 (in Millionen Tonnen)[86]

Laut Statistik verursachte Deutschland in 2021 rund 665 Millionen Tonnen CO2-Emissionen (China 11.396; USA 5.057, Indien 2.829)[87], also rund 1,8 Prozent der weltweiten Emissionen.

Zu diesen Emissionen tragen die deutschen PKW zu etwa 0,3 Prozent bei (0,120 Mrd. Tonnen von 37 Mrd. Tonnen). Wenn mit der Umstellung von Verbrennern auf E-Autos selbst nach den offiziellen Angaben des BMU nur eine CO2-Einsparung von 30 Prozent erreicht werden kann, errechnet sich selbst bei dieser optimistischen Annahme eine Minderung der weltweiten CO2-Emissionen um nur **0,1 Prozent**. Damit soll die Bedeutung der E-Mobilität nicht negiert werden, aber diese Zahl zeigt schon, dass das E-Auto in Deutschland beim Kampf gegen den weltweiten Klimawandel nur eine sehr begrenzte Rolle spielt.

86 https://de.statista.com/statistik/daten/studie/37187/umfrage/der-weltweite-co2-ausstoss-seit-1751/

87 https://de.statista.com/statistik/daten/studie/167864/umfrage/co-emissionen-in-ausgewaehlten-laendern-weltweit/

10.5 Was tun? Den Autobestand reduzieren, weltweit!

Der weltweite Autobestand ist viel zu hoch um klimaverstäglich zu sein. Die Frage, ob Deutschland auf Elektroautos umstellt oder nicht, erscheint angesichts des weltweit wachsenden Fahrzeugbestands fast nebensächlich. Im Jahr 2022 befanden sich weltweit bereits 1,3 Milliarden Autos auf den Straßen.[88] Der Fahrzeugbestand hat sich von 2000 bis 2020 verdoppelt. Wenn sich dieses Wachstum in ähnlichem Maße fortsetzt und der Bestand bis 2040 auf 2,5 Milliarden Fahrzeuge steigen sollte, wird dies die Belastbarkeit der Erde überfordern. Das geht weder mit Verbrennern noch mit E-Autos. Sollte der Fahrzeugbestand irgendwann auf fünf Milliarden Autos zusteuern, wird offensichtlich, dass dies ökologisch nicht machbar ist. Was also tun?

Die Antwort ist naheliegend: Der motorisierte Individualverkehr mit weltweit rund 1,2 Millionen Verkehrstoten in 2023[89] sollte nicht weiter erhöht, sondern drastisch gesenkt werden. Leider wird darüber in der politischen Diskussion zur Verkehrswende wenig nachgedacht. Insgesamt wird die Weltbevölkerung vermutlich mit weniger Mobilität auskommen müssen. Grünes Wachstum gibt es nicht, auch nicht im Straßenverkehr. Nicht nur in den reichen Ländern besteht ein weit überzogener und ökologisch nicht machbarer Mobilitätsanspruch. Allein in Deutschland gab es in den vergangenen zehn Jahren eine Zunahme von über sieben Millionen PKW. Beispielsweise könnte eine Halbierung des Pkw-Bestands einen signifikanten Beitrag zur Emissionsminderung leisten. In Deutschland wäre ein Fahrzeugbestand von 25 Mio. realisierbar, ohne dass die Bundesbürger unerträglichen Härten ausgesetzt würden. Wege zu mehr Klimaschutz – auch ohne E-Autos.

Das Klima wäre auch dann belastet, wenn der Individualverkehr auf E-Autos umgestellt wäre. Solange es nicht ausreichend EE-Strom und keine Speicherungsmöglichkeiten gibt, führt die weitere Zulassung von E-Autos zu keiner ausreichenden CO2-Reduktion.

---

[88] https://www.umweltbundesamt.de/bild/weltweiter-autobestand
[89] https://www.who.int/publications/i/item/9789240086517

Bei der heutigen Klimapolitik ist zu viel mediale Aufmerksamkeit auf das E-Auto gerichtet, wodurch andere Lösungen in der Diskussion der Energie- und Verkehrswende in den Hintergrund rücken. So stellt sich das E-Auto als Strategie der Autobauer dar, den Absatz von Autos anzukurbeln und den motorisierten Individualverkehr langfristig zu sichern. Allein ein Tempolimit, etwa auf 80 km/h Landstraße und 100 km/h auf Autobahnen würde sofort zu enormen CO2-Einsparungen führen, ohne den Mobilitätsbedarf nennenswert zu beeinträchtigen.

Das E-Auto ist beim Kampf gegen den Klimawandel eigentlich ein Nebenschauplatz, erfährt aber ein exponiertes Maß an Aufmerksamkeit. Die hohe Aufmerksamkeit auf die Elektromobilität dient offenbar auch dazu, von wirksameren, aber politisch unliebsamen Maßnahmen abzulenken. Als hinge die Zukunft der Menschheit von der massenhaften Verbreitung des E-Autos ab. Wichtiger wäre es, auf internationaler Ebene, Maßnahmen zu finden und zu entwickeln, um die Extraktion von Öl und Kohle zu beenden.

Dabei gibt es weit wirksamere Arten von Mobilität um die Emissionen zu reduzieren. Das sind "low hanging fruits", die noch nicht abgeerntet wurden. Viele sind schnell verfügbar und mit geringen Vermeidungskosten verbunden:

- Individualverkehr: Weniger, kleinere und effizientere Autos
- ÖPNV + Bahn
- Mit dem Fahrrad fahren und zu Fuß gehen
- Neuartige Verkehrskonzepte (Carsharing, etc.)
- CO2-Bepreisung
- Internationale Abkommen, angedacht vom 2023 gegründeten Internationalen Klimaclub
- Netzausbau von Nord nach Süd
- Ausbau Erneuerbarer Energien

Anhang 1. Ursache-Wirkungszusammenhänge im Überblick

Bezug: 4.2 Das Strom-Pkw-Modell, S. 36ff.

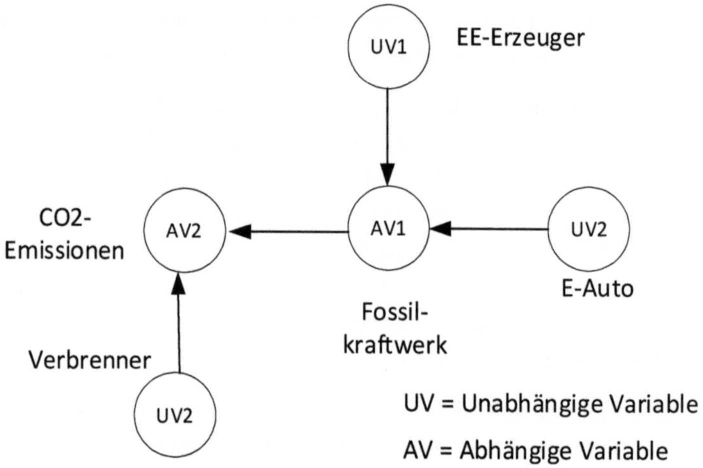